Georges HARMOIS et Emile ALLEAUME

LE PETIT DICTIONNAIRE

DES

ŒUVRES DE SOLIDARITÉ SOCIALE

et de Bienfaisance

PUBLIÉ

PAR

LA MAISON DU PAUVRE

119, BOULEVARD VOLTAIRE, 119

PARIS (XIᵉ)

DEUXIÈME ÉDITION

1903

AVIS

L'Office central des œuvres de bienfaisance, 179, boulevard Saint-Germain, a publié deux importants ouvrages : *Paris Charitable et Prévoyant* et *La France Charitable et Prévoyante* (en vente à la librairie Plon, 10, rue Garancière). Ils contiennent des renseignements très précieux sur le fonctionnement des œuvres philanthropiques de Paris et de la province.

Nous engageons beaucoup les amis des pauvres à se munir de ces intéressants recueils qui nous ont été d'un précieux concours pour établir le présent répertoire, et les aideront à faire le bien autour d'eux.

Prière à nos lecteurs de nous faire connaître les œuvres nouvelles et de nous aviser des changements qui auraient pu survenir dans la liste que nous leur présentons.

H. et A.

LE PETIT DICTIONNAIRE

Des Œuvres de Solidarité Sociale

ET DE BIENFAISANCE

M. le Docteur Emile DUBOIS

ANCIEN PRÉSIDENT DU CONSEIL GÉNÉRAL,
DÉPUTÉ DU XIV° ARRONDISSEMENT DE PARIS

LE PETIT DICTIONNAIRE

DES

ŒUVRES DE SOLIDARITÉ SOCIALE

et de Bienfaisance

PUBLIÉ

PAR

LA MAISON DU PAUVRE

119, BOULEVARD VOLTAIRE, 119

PARIS (XIᵉ)

DEUXIÈME ÉDITION

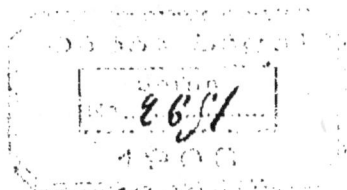

*Cet ouvrage est délivré gratuitement
et ne peut être vendu*

—

1903

Les Fondateurs de la Maison du Pauvre

M. Georges HARMOIS
PROMOTEUR DE L'ŒUVRE

Officier d'Académie, Chevalier du Mérite agricole
Directeur de la Revue de Droit L'AVOCAT et du Journal l'AMI DES PAUVRES
Administrateur de la SOCIÉTÉ FRANÇAISE DE SAUVETAGE
Lauréat de la SOCIÉTÉ NATIONALE D'ENCOURAGEMENT AU BIEN.

MM. **Emile DUBOIS**, Officier de l'Instruction publique, ancien Président du Conseil général de la Seine, Docteur-Médecin, député du XIV⁰ arrondissement.

Emile ALLEAUME, Officier d'Académie, administrateur de la Société Française de Sauvetage (section du XI⁰ arrondissement), Lauréat de la Société nationale d'Encouragement au Bien.

Eugène PETIT, Officier d'Académie, administrateur du Bureau de Bienfaisance du XIV⁰ arr., et Mme **Eugène Petit**.

Paul DESPLAS, Officier d'Académie, Vice-Président de la Société Française de Sauvetage (section du XI⁰ arrondissement). Membre de la Commission des Logements insalubres. Membre de la Commission d'hygiène du XI⁰ arrondissement. Délégué cantonal.

Philippe PUY, notable commerçant, Officier d'Académie, Président de l'Association fraternelle de secours mutuels : **Les Hautes-Alpes**.

Henri EDELINE, archiviste de la Société Française de Sauvetage (section du XI⁰ arrondissement).

Auguste MARCOUX, Officier d'Académie, administrateur du Bureau de Bienfaisance du XIV⁰ arrondissement. Président général de la Ligue syndicale pour la défense des Intérêts du travail, de l'industrie et du commerce.

HARMOIS-REYMOND, administrateur du Bureau de Bienfaisance du XII⁰ arrondissement.

Edouard LELOUP, ingénieur des Arts et Manufactures.

Henry CARNOY, Officier d'Académie, Professeur au Lycée Voltaire.

Le docteur **Max LAFORGUE**, Officier d'Académie.

Eugène DEROUETEAU, Officier d'Académie.

PINTON, chevalier du Mérite Agricole, Officier d'Académie. Président de l'Association des Instituteurs.

Marc MELLO, architecte.

HARDEL, propriétaire.

Léon DUBOIS, industriel.

Emile FROMENTIN, expert.

Gaston DEVIMEUX, propriétaire.

Paul ANTOINE, expert.

Jean-Marie SAUNIER, négociant.

*Il est déplorable que, dans une
Société civilisée, il y ait des ci-
toyens qui manquent du nécessaire
autrement que par leur inconduite.*

Président MAGNAUD.

LA MAISON DU PAUVRE

Il existe à Paris une Direction générale de l'Assistance Publique, un grand nombre d'Œuvres et Sociétés philanthropiques, 20 bureaux de bienfaisance, et il y a encore des gens qui meurent de faim, il y a encore des pauvres qui ignorent, dans le malheur, la porte à laquelle ils doivent frapper.

Les journaux contiennent tous les jours des faits divers navrants où l'on apprend au lecteur (devenu indifférent et blasé) que tel vieillard est mort de privation sur son grabat, que telle femme veuve s'est asphyxiée et a entraîné dans la mort avec elle cinq enfants en bas âge ! etc., etc ! ! !

Oserait-on dire, en présence de tels faits, qu'il n'y a pas à faire mieux, en allant au-devant de la misère.

Il est un homme de cœur, M. Georges Harmois, directeur de la revue de droit L'Avocat, qui a pensé ainsi.

Depuis deux ans, il préconise la fondation d'une institution prévoyante, résumant à elle seule toutes les œuvres de bienfaisance; j'ai nommé La Maison du Pauvre dont le programme se résume ainsi qu'il suit :

Etant donné que les 3.000 Sociétés de bienfaisance n'empêchent pas les pauvres gens de mourir de faim ou de misère parce qu'ils n'ont pas su où s'adresser pour être secourus, nous voulons par notre propagande provoquer la création de La Maison du Pauvre, où les malheureux auront libre accès et où ceux habitant au loin pourront s'adresser, où fonctionnera un service régulier de placement gratuit, où seront indiquées les œuvres destinées à soulager les vrais pauvres, où seront données des consultations médicales gratuites, où les miséreux, particulièrement les pauvres honteux trouvent des auxiliaires dévoués pour faire valoir leurs droits, écrire leurs requêtes, formuler toute demande d'assistance judiciaire en cas de procès et être secondés dans leurs démarches.

On pourra ainsi vulgariser les œuvres d'assistance par le travail et celles qui s'y rattachent; relever moralement celui qui est tombé en lui faisant recouvrer sa dignité, faciliter l'existence du travailleur, qui, n'étant plus de la première jeunesse, se voit rebuté de partout.

Des secours de nourriture et de toutes sortes seront distribués à La Maison du Pauvre, des vêtements remis.

Le sans-asile sera, dans la limite du possible, provisoirement logé et hospitalisé.

En un mot, La Maison du Pauvre comprenant que le malheureux a besoin d'être aimé, aidé, consolé et encouragé aura pour objet la suppression de la misère autant que faire se peut et la mise en œuvre du grand principe de la solidarité sociale.

Nombreux sont déjà les hommes éminents honorant par des encouragements flatteurs cette fondation si nécessaire et si recommandable.

La Maison du Pauvre a déjà un commencement d'exécution et rend journellement de nombreux services ; cette Société a été constituée définitivement le 30 novembre 1901.

Les dévoués membres de son Conseil d'administration n'ont pas eu, depuis, un seul instant d'hésitation; ils travaillent en silence, résolument à la conquête du bon résultat final. La Maison du Pauvre publie aujourd'hui ce petit dictionnaire des Œuvres de bienfaisance dont le besoin se faisait si vivement sentir.

Pour prospérer la Maison du Pauvre a besoin d'appuis multiples. Il faudrait qu'un Comité d'action, composé de cœurs généreux, sans distinction de parti, prenne en mains l'œuvre commencée et la fit aboutir pour le plus grand bien des malheureux.

On parle toujours de réconciliation nationale : il n'y a pas pour cela de terrain plus propice que celui de la solidarité sociale.

Emile ALLEAUME.

Les adhésions à la Maison du Pauvre peuvent être adressées à M. Georges HARMOIS, 110, boulevard Voltaire, Paris (XI').

M. Georges HARMOIS

DIRECTEUR DE LA REVUE DE DROIT « L'AVOCAT »
OFFICIER D'ACADÉMIE, CHEVALIER DU MÉRITE AGRICOLE

ADMINISTRATEUR DE LA SOCIÉTÉ FRANÇAISE DE SAUVETAGE
PROMOTEUR DE LA MAISON DU PAUVRE
LAURÉAT EN 1903 DE LA SOCIÉTÉ NATIONALE
D'ENCOURAGEMENT AU BIEN

Opinions sur notre Œuvre

Extraits de lettres adressées à M. Harmois, directeur du journal « L'Ami des Pauvres » et promoteur de la Maison du Pauvre

Monsieur,

Si j'ai bien compris votre pensée, vous avez l'intention de fonder un bureau de renseignements constamment ouvert, une sorte de permanence de la bienfaisance, où les sans-logis et les meurt-de-faim pourraient, à toute heure du jour et de la nuit, consulter le *Dictionnaire de la Charité*. Votre projet bien compris, convenablement réalisé par une intelligente entente avec l'Office central des œuvres de bienfaisance et avec l'administration centrale de l'Assistance publique de Paris, me paraît de nature à rendre les plus grands services aux malheureux; c'est vous dire que je forme les vœux les plus ardents pour la réussite de votre initiative généreuse.

Paul STRAUSS, *Sénateur*.

CHAMBRE DES DÉPUTÉS

Monsieur,

Je ne peux que vous féliciter de votre initiative et vous méritez bien d'être encouragé. Courage et succès, Monsieur.

Georges BERRY.

De M. Louis Paulian, l'auteur du *Paris qui mendie* :

. . . .

Il est vrai que souvent des misères navrantes ne sont pas soulagées parce que celui qui souffre ignore la porte à laquelle il doit frapper, la formalité qu'il doit remplir.

Lui indiquer cette porte, remplir pour lui cette formalité, en obtenir, par une campagne sage et vigoureuse, la simplification, ce sera faire œuvre utile.

Les pauvres sont légion; pour les aider efficacement on ne sera jamais trop nombreux.

CHAMBRE DES DÉPUTÉS

Monsieur,

Je crois à l'utilité de « L'Œuvre de la Maison du Pauvre » telle que vous la proposez. Dans l'état d'insolidarité sociale actuel, il est presque toujours impossible au misérable, faute d'indications et de renseignements, faute de conseil et d'aide, de faire l'effort de trouver du travail qui le relève et le sauve.

Si vous créez, ne fût-ce qu'un seul de ces lieux de refuge et de secours efficace qui, en attendant mieux, devrait être partout établi en chaque mairie, vous aurez fait une bonne action.

Ed. VAILLANT.

Monsieur,

Votre œuvre me paraît très heureusement conçue et de la plus grande utilité. Je vous envoie mes meilleurs vœux pour sa réussite.

Jules LEMAITRE.

Mon cher Confrère,

J'ai lu votre généreuse petite feuille et je ne puis que vous envoyer mes plus chaleureux encouragements.

On dit que les riches ont toujours des amis, la fortune étant faite pour les attirer, comme la lumière attire les papillons. Pourquoi l'amitié n'irait-elle pas un peu aux pauvres?

Clovis HUGUES.

Les encouragements de la Presse ne vous manqueront pas, car si tant de graves questions la divisent, elle est heureusement unanime, et c'est son plus grand honneur, pour tout ce qui touche à la charité.

Paul MAGNAUD.

CHAMBRE DES DÉPUTÉS

Monsieur,

J'applaudis à votre initiative si originale et qui peut être si féconde, en vous remerciant de me l'avoir fait connaître; je forme des vœux pour son plein succès.

Louis BARTHOU, *Député des Basses-Pyrénées.*

CHAMBRE DES DÉPUTÉS

Monsieur,

J'admire votre but : il est trop louable pour que je n'adhère pas à votre programme. L'homme tombé a besoin qu'on l'aide à se relever. Tenter de lui faire recouvrer sa dignité, c'est l'amener à la liberté morale qui permet l'effort personnel et le salut.

E. CHAUVIÈRE.

CONSEIL MUNICIPAL
DE PARIS

Monsieur,

Votre œuvre « La Maison des Pauvres » se propose un but qui la marque des traits les plus généreux de la fraternité et de la solidarité sociale.

Elle mérite d'être secondée par les vœux de tous les braves gens.

G. DESPLAS, *Conseiller municipal.*

Monsieur et Cher Confrère,

J'ai trop souvent souhaité, réclamé, la création d'un bureau central de renseignements à la disposition des pauvres *qui ne savent pas* pour que l'organe d'assistance dont vous avez eu l'idée me laisse indifférent.

A côté de « l'Office Central » insuffisant, il peut rendre les plus grands services aux malheureux, dont la détresse crie et pleure dans le désert et dans la nuit.

Les mendiants professionnels ont des indications, c'est bien le moins que les vrais pauvres aient les leurs.

Bonne chance, donc, à « l'Ami des Pauvres ».

Lucien DESCAVES.

M. Emile ALLEAUME

PUBLICISTE
OFFICIER D'ACADÉMIE

ADMINISTRATEUR DE LA SOCIÉTÉ FRANÇAISE DE SAUVETAGE
MEMBRE DU CONGRÈS INTERNATIONAL D'ASSISTANCE PUBLIQUE
ET DE BIENFAISANCE PRIVÉE, DE JUIN 1903
LAURÉAT DE LA SOCIÉTÉ NATIONALE
D'ENCOURAGEMENT AU BIEN

*La Maison du Pauvre observe
une neutralité absolue en matière
politique et religieuse.*

LE PETIT DICTIONNAIRE

des Œuvres de Solidarité Sociale et de Bienfaisance

Renseignements utiles

I

ENFANCE ET ADOLESCENCE

SERVICES ET ŒUVRES DE MATERNITE; — PROTECTION DES ENFANTS DU PREMIER AGE

La Maternité, école d'accouchement, boulevard du Port-Royal, 123.

Clinique d'accouchement Baudelocque, boulevard du Port-Royal, 125.

Hôpital-clinique, rue d'Assas, 89.

Lits d'accouchement dans les divers hôpitaux.

Service d'accouchement chez les sages-femmes agréées auprès des hôpitaux.

Asile Michelet, rue de Tolbiac, 93.

Asile Ledru-Rollin, à Fontenay-aux-Roses.

Asile-ouvroir de la Société philanthropique pour les femmes enceintes, rue Saint-Jacques, 253.

Asile maternel de la Société philanthropique, avenue du Maine, 201, passage Raimbault, 7.

Fondation Bettina de Rothschild.

Société de Charité maternelle, rue de Lubeck, 38.

Société des Berceaux, avenue d'Antin, 28.

Association des Mères de famille, boulevard Poissonnière, 10.

Œuvre de Notre-Dame de l'Assistance, rue de Vaugirard, 350.

Œuvre des Layettes, place des Ternes, 9.

Société de l'Allaitement maternel et des refuges ouvriers, pour les femmes enceintes, rue de Miromesnil, 11 bis.

Refuge-ouvroir de la Société d'Allaitement maternel, avenue du Maine, 203.

Œuvre de la Crèche à domicile, cité d'Hauteville, 8; même œuvre, rue de la Parcheminerie, 15.

Dispensaire municipal du XI° arrondissement (pour les enfants du premier âge), rue du Chemin-Vert, 70.

Œuvre philanthropique du lait, rue Cambacérès, 29?

Asile-ouvroir de Gérando, rue Blomet, 82.

Œuvre de Saint-Raphaël, rue Saint-Jacques, 297.

Asile Sainte-Madeleine, impasse Robiquet, 8.

La Mutualité maternelle, rue d'Aboukir, 6.

La Famille française, société de prévoyance maternelle, rue Drouot, 19.

Société protectrice de l'Enfance, rue de Suresnes, 5.

Association de protection physique de l'Enfance, rue Lacépède, 32.

Société Maternelle parisienne (La Pouponnière), à la mairie du 7° arrondissement, rue de Grenelle, 116; nourricerie-modèle à Porchefontaine.

Patronage des Enfants en bas-âge, à la crèche et à domicile, à Levallois-Perret, rue Gide, 64.

Œuvre des malades et des jeunes enfants de Levallois-Perret, rue de Rivoli, 158.

ASILES MATERNELS

Asile de Nanterre, rue Saint-Denis, 5.

Garderie d'enfants, à Pontoise, rue Saint-Jean, 70.

CRÈCHES

Crèche Saint-Roch, rue Saint-Roch, 28.

Crèche municipale du I° arrondissement, rue de l'Arbre-Sec.

Crèche Notre-Dame-de-Bonne-Nouvelle, rue Saint-Denis, 144.

Crèche du Mail, rue des Petits-Pères, 2.

Crèche laïque des Archives, rue de Saintonge, 43.

Crèche Sainte-Philomène, rue Sainte-Croix de la Bretonnerie, 20.

Crèche Saint-François-de-Sales, rue Poullefier, 5.

Crèche municipale du IV° arrondissement.

Crèche Sainte-Geneviève, rue de la Montagne-Sainte-Geneviève, 34.

Crèche Monge, place Monge, 4.

Crèche Sadi Carnot, rue des Trois-Portes, 3.

Crèche Sainte-Lucie, rue des Bernardins, 15.

Crèche Bethléem, rue de Mézières, 6.

Crèche du VIIe arrondissement, rue Jacob, 11.

Crèche de Saint-Pierre du Gros-Caillou, rue de Grenelle, 182.

Crèche Saint-Vincent-de-Paul, rue Oudinot, 3.

Crèche Saint-Thomas-d'Aquin, rue Perronet, 9.

Crèche Saint-Philippe-du-Roule, rue de Monceau, 13.

Crèche Sainte-Madeleine, rue de la Ville-l'Évêque, 14.

Crèche Notre-Dame-de-Lorette, rue Rodier, 60.

Crèche laïque du IXe arrondissement, rue de La Rochefoucauld, 25.

Crèche laïque du Faubourg Saint-Martin, rue du Faubourg Saint-Martin, 122.

Crèche laïque du XIe arrondissement, rue Saint-Maur-Popincourt, 6.

Crèche Saint-Joseph, rue d'Angoulême, 81.

Crèche Sainte-Marie des Quinze-Vingt, passage Gatbois, 8.

Crèche Saint-Joseph, rue des Meuniers, 63.

Crèche de Picpus, ruelle des Tourneux, 4.

Crèche Saint-Marcel, rue Vauzedranne, 42.

Crèche Sainte-Rosalie, rue de la Glacière, 35.

Crèche laïque du Berceau de l'enfance, passage Ricaut, 7.

Crèche Marie-Louise, rue Jenner, 39.

Crèche municipale du quartier de Croulebarbe, rue des Gobelins, 7.

Crèche laïque de la Maison-Blanche, rue Barrault.

Crèche municipale de la Salpêtrière, rue du Banquier, 5.

Crèche Fénelon-Charles, rue Charles-Divry.

Crèche municipale laïque de Plaisance, rue de l'Ouest, 15.

Crèche du XIVe arrondissement, rue Jacquier.

Crèche Sainte-Marguerite, rue Ginoux, 6.

Crèche municipale laïque de l'Espérance, rue Violet, 64.

Crèche laïque municipale du quartier Saint-Lambert et Necker, rue d'Alleray, 13.

Crèche Fourcade, rue Beuret, 28.

Crèche Saint-Honoré d'Eylau, avenue Victor-Hugo, 117.

Crèche du Point-du-Jour, rue Claude-Lorrain, 22 bis.

Crèche du XVIe arrondissement, rue François-Millet.

Crèche Saint-Joseph, rue Bacon, 11.

Crèche de la Compagnie de l'Ouest, avenue de Clichy, 163.

Petite crèche des Batignolles, avenue de Clichy, 47 bis.

Crèche municipale des Épinettes, rue Berzélius prolongée, 8 bis.

Crèche Madeleine Brès, rue Nollet, 86.

Petite crèche de la rue Gauthey, rue Gauthey, 40.

Crèche municipale du XVIIe arrondissement, avenue Mac-Mahon.

Crèche de Clignancourt, rue Damrémont, 93.

Crèche de La Chapelle et de la Goutte d'Or, rue Cavé, 5.

Crèche Notre-Dame-des-Anges, rue Caulaincourt, 39.

Crèche-asile Sainte-Marie, avenue de Saint-Ouen, 140.

Crèche de la Villette et du Pont-de-Flandre, rue de Flandre, 142.

Crèche Sainte-Eugénie, rue de Crimée, 146.
Crèche laïque du quartier d'Amérique, rue de Bellevue, 19.
Crèche municipale du quartier du Combat, rue Bolivar, 66.
Crèche Saint-Jean-Baptiste, rue de la Mare, 73.
Crèche Sainte-Amélie, rue de Bagnolet, 63.
Crèche laïque du XX° arrondissement, rue de Bagnolet, 121.
Crèche laïque du quartier Saint-Fargeau, rue du Télégraphe, 33.
Crèche laïque municipale du quartier du Père-Lachaise.
Crèche municipale, à Asnières, place de l'Eglise.
Crèche municipale à Boulogne, rue de Paris, 105.
Crèche Saint-Vincent-de-Paul, à Clichy, rue Martre, 84.
Crèche municipale, à Colombes.
Crèche municipale, à Courbevoie, square de la Mairie.
Crèche municipale, à Levallois-Perret, rue Marjolin, 2.
Crèche des Lilas, passage Griselin, 8.
Crèche communale, Sainte-Geneviève, à Nanterre, rue de la Mairie.
Crèche Sainte-Amélie, à Neuilly, rue des Poissonniers, 24.
Crèche Sainte-Elisabeth, à Pantin, rue Thiers, 3.
Crèche municipale, à Pantin, rue du Commerce.
Crèche municipale, à Puteaux, rue des Ecoles, 59.
Crèche municipale, à Saint-Denis, rue Compoise, 59.
Crèche municipale, à Saint-Ouen, rue de la Gare.
Crèche de Suresnes, rue de Neuilly, 19.
Crèche Saint-Raphaël, à Cachan, rue des Tournelles, 7.
Crèche municipale, à Chatillon, passage Charlot, 2.
Crèche de la manufacture de Porcelaine, à Choisy-le-Roi, rue du Pont, 3.
Crèche Sainte-Emilie, à Clamart, rue du Trosy.
Crèche municipale, à Créteil, Grande-Rue.
Crèche municipale, à Gentilly-Kremlin, rue Danton, 46.
Crèche municipale, à Gentilly-Centre, rue de la Mairie, 12.
Crèche du Centre, à Issy, place de la Mairie.
Crèche des Moulineaux, à Issy, cité Gevelot.
Crèche municipale, à Montreuil-sous-Bois, rue Voltaire.
Crèche municipale, à Montrouge, rue des Ruelles.
Crèche de Nogent-sur-Marne, avenue du Marché, 3.
Crèche municipale, à Sceaux, rue Picpus, 1.
Crèche Sainte-Geneviève, rue de la Mairie, 38.
Crèche de Vincennes, rue des Carrières, 5.
Société des Crèches, rue de Londres, 27.
Œuvre des Crèches parisiennes, rue de la Boëtie, 52.

ECOLES MATERNELLES

144 écoles maternelles publiques à Paris; — 128 dans la banlieue.
61 écoles maternelles privées à Paris; — 33 dans la banlieue.

M. Emile LOUBET

PRÉSIDENT DE LA RÉPUBLIQUE,
PRÉSIDENT D'HONNEUR DE LA FÉDÉRATION NATIONALE
DE LA MUTUALITÉ.

ASILES TEMPORAIRES D'ENFANTS

Hospice des enfants assistés, rue Denfert-Rochereau, 74.
Asile temporaire pour enfants dont les mères sont à l'hôpital,
 rue de Gergovie, 88.
Asile temporaire des Dames de l'Oratoire de Saint-Phillppe
 de Néri, à Neuilly, boulevard Inckermann, 14.
Abri de l'Enfance, rue Julien-Lacroix, 25.
Maison maternelle, rue Fessart, 41.
Asile temporaire, rue Lemaignan, 4.
Asile Leo-Delibes, à Clichy, rue du Landy, 58.

ADOPTION, EDUCATION, PROTECTION DES ENFANTS
ORPHELINS, DELAISSES, INDIGENTS.

Service des enfants assistés, avenue Victoria, 3.
Service des Pupilles de l'assistance publique (autrefois des
 enfants moralement abandonnés), avenue Victoria, 3.
Hospice des enfants assistés, rue Denfert-Rochereau, 174.
Œuvre de l'adoption, rue Casimir-Delavigne, 9.
Union française pour le sauvetage de l'enfance, rue de Ri-
 chelieu, 108.
Société générale de protection de l'enfance abandonnée ou
 coupable, rue de Lille, 47.
Société de patronage des orphelinats agricoles et des orphe-
 lins Alsaciens-Lorrains, rue Casimir-Perier, 2.
Association des jeunes économes, rue de l'Université, 80.
Patronage de l'enfance et de l'adolescence, rue Herschel, 6.
Œuvre de Sainte-Anne, boulevard des Batignolles, 10.
Œuvre des enfants pauvres et des orphelins de Paris, quai
 de Bourbon, 31.
Œuvre de l'adoption des petites filles abandonnées, rue de
 Ponthieu, 112.
Ligue fraternelle des enfants de France, rue Thénard, 3.
Œuvre familiale pour les orphelins de la Seine, à la Préfec-
 ture de la Seine.
Société de l'Orphelinat de la Seine pour l'apprentissage des
 orphelins et des enfants abandonnés, rue Saint-Lazare, 28.
Œuvre des enfants abandonnés, recueillis dès leur naissance,
 rue de Provence, 73.
Œuvre de l'Orphelinat de l'enseignement primaire de France,
 rue Serpente, 28.
Société de l'Orphelinat de la bijouterie, joaillerie, horlogerie,
 orfèvrerie et industries qui s'y rattachent, rue de la Jus-
 sienne, 2 bis.
Œuvre de Notre-Dame de la Protection, rue Caumartin, 3.
Œuvre du Souvenir pour la protection de l'enfance, rue
 Laferrière, 11 bis.
Maison des Pères du Saint-Esprit, rue Lhomond, 30.

Ecole Foraine, rue Hermel, 20.

Orphelinat maçonnique, rue de Crimée, 19.

Orphelinat du Livre, rue du Moulin-Vert, 3.

Caisse des orphelins du Iᵉʳ arrondissement, à la Mairie, place du Louvre, 4.

Caisse des orphelins du XVIᵉ arrondissement, à la Mairie, avenue Henri-Martin, 71.

Caisse des orphelins du XVIIIᵉ arrondissement, rue Caulaincourt, 72.

Caisse des orphelins du XIXᵉ arrondissement, rue d'Allemagne, 137.

Société de secours et d'hospitalisation pour les orphelins des ouvriers et employés des chemins de fer français, rue Fabert, 50.

Œuvre des orphelins des chemins de fer français, boulevard Saint-Marcel, 32.

Orphelinat de l'Association des employés de banque, rue de Provence, 5.

Œuvre de l'Orphelinat des sous-agents des postes et télégraphes, avenue de Ségur, 35.

ORPHELINATS DE GARÇONS

Orphelinat Saint-Louis, rue de Sèvres, 67.

Ecole Dorian, avenue Philippe-Auguste, 72.

Providence Sainte-Marie, rue de Reuilly, 77.

Orphelinat Salomon et Caroline de Rothchild, rue Lamblardie, 7.

Refuge des enfants moralement abandonnés, rue Montéra, 15.

Orphelinat Saint-Charles, rue Blomet, 147.

Maison des Orphelins de Saint-Vincent-de-Paul, rue Dombasle, 158.

Orphelinat de Montmartre, rue Marcadet, 177 bis.

Asile des Petits Orphelins, rue Ménilmontant, 110.

Orphelinat Saint-Pierre-Saint-Paul (Orphelinat de Dom-Bosco), rue du Retrait.

Asile de Bon-Secours, rue Alexandre-Dumas, 93.

Orphelinat de l'Usine Saint-Joseph, au Bourget.

Asile Lambrechts, à Courbevoie, rue de Colombes, 40.

Maison des Enfants, à Levallois-Perret, rue de Cormeille, 31.

Orphelinat Quenessen, à Neuilly, boulevard Victor-Hugo, 86.

Orphelinat de l'Eglise réformée, à Neuilly, rue d'Orléans, 16.

Orphelinat Génin, à Saint-Denis, place aux Gueldres, 12.

Orphelinat Saint-Gabriel, à Saint-Denis, boulevard Ornano, 48.

Orphelinat de l'Œuvre Saint-Raphaël, à Antony, place du Carrousel, 2.

Orphelinat du Sacré-Cœur, à Chatillon-sous-Bagneux, rue de Bagneux, 12.

Orphelinat de Clamart-Siège, à Fleury.
Orphelinat de Créteil, rue Traversière, 5.
Orphelinat de l'Hay, rue des Tournelles, 34.
Orphelinat du Grand-Montrouge, avenue de la République.
Orphelinat de la Seine, à La Varenne-Saint-Hilaire, rue Louis-Blanc, 7.
Asile-Ecole Fénelon, à Vaujours (Seine-et-Oise).
Orphelinat de la Roche-Guyon (Seine-et-Oise).
Orphelinat Athanase Coquerel, à Velizy (Seine-et-Oise).
Orphelinat Riboutté-Vitalis, à Forges-les-Bains (Seine-et-Oise).
Orphelinat Hartmann, à Forges-les-Bains (Seine-et-Oise).

ORPHELINATS DE FILLES

Orphelinat de Saint-Roch, place du Marché-Saint-Honoré, 9.
Orphelinat des Sœurs de Saint-Vincent-de-Paul, rue du Roule, 13.
Orphelinat des Sœurs de Saint-Vincent-de-Paul, rue du Bouloi, 20.
Orphelinat de Bonne-Nouvelle, rue Réaumur, 85.
Orphelinat des Billettes, rue des Archives, 22.
Orphelinat Saint-Merri, rue du Cloître-Saint-Merri, 8.
Orphelinat des Sœurs de Saint-Vincent-de-Paul, rue du Fauconnier, 11.
Orphelinat Saint-Louis, rue Poulletier, 7.
Orphelinat Saint-Gervais, rue Geoffroy-Lasnier, 30.
Orphelinat Bonar, rue de la Parcheminerie, 5.
Orphelinat de la Sœur Rosalie, rue Geoffroy-Saint-Hilaire, 32.
Orphelinat des Sœurs de Saint-Vincent de Paul, rue Nicole, 9.
Orphelinat des Sœurs de Saint-Vincent de Paul, rue des Bernardins, 15.
Orphelinat de la Sainte-Famille, rue Lhomond, 41.
Orphelinat de l'Enfant-Jésus, rue Ralaud, 3.
Orphelinat de Saint-Etienne-du-Mont, rue du Cardinal-Lemoine, 60.
Orphelinat des Sœurs de Saint-Vincent-de-Paul, rue Saint-Benoît, 14.
Orphelinat des Enfants de la Providence, rue du Regard, 13.
Orphelinat des Sœurs de la Présentation de la Sainte-Vierge, rue de Vaugirard, 103.
Œuvre des Enfants délaissés, rue Notre-Dame-des-Champs, 33.
Orphelinat Saint-Guillaume, rue Perronnet, 9.
Orphelinat de la Providence, rue Oudinot, 3.
Orphelinat Sainte-Clotilde, rue de Grenelle, 77.
Orphelinat du Gros-Caillou, rue Saint-Dominique, 100.
Orphelinat Saint-Augustin, rue de Monceau, 95.
Orphelinat de Saint-Philippe-du-Roule, rue de Monceau, 15.

Orphelinat de la Madeleine, rue de la Ville-l'Evêque, 14.
Institution Saint-Louis, rue de Clichy, 50.
Orphelinat de Saint-Eugène, rue d'Hauteville, 56.
Orphelinat de Saint-Vincent-de-Paul, rue de Rocroi, 6.
Orphelinat des Sœurs de Saint-Vincent-de-Paul, rue du Canal Saint-Martin, 10.
Orphelinat des Sœurs de Saint-Vincent-de-Paul, rue Basfroi, 16.
Orphelinat de Saint-Ambroise, rue du Chemin-Vert, 140.
Orphelinat-ouvroir des Sœurs de Saint-Vincent-de-Paul, rue d'Angoulême, 81.
Orphelinat du Faubourg Saint-Antoine, rue du Faubourg-Saint-Antoine, 254.
Orphelinat Sainte-Elisabeth, rue du Faubourg-Saint-Antoine, 210.
Providence de Sainte-Marie, rue de Reuilly, 77.
Œuvre du Saint-Cœur de Marie, rue de Picpus, 60.
Orphelinat des Sœurs de Saint-Vincent-de-Paul, rue des Meuniers, 63.
Pensionnat de Jeunes filles de l'Eglise Réformée, rue de Reuilly, 97.
Orphelinat Salomon et Caroline de Rothschild, rue Lamblardie, 7.
Orphelinat des Sœurs de Saint-Vincent-de-Paul, rue Ruty, 5.
Refuge des Enfants moralement abandonnés, rue Montéra, 15.
Orphelinat des Sœurs de Saint-Vincent-de-Paul, rue Jenner, 30.
Orphelinat des Sœurs de Saint-Vincent-de-Paul, rue Vaudrezanne, 54.
Orphelinat Marie-Joseph, rue de la Glacière, 35.
Asile-ouvroir de Jeanne d'Arc, rue Véronèse, 2.
Orphelinat des Sœurs de Saint-Vincent-de-Paul, rue Gassendi, 20.
Orphelinat des Sœurs de Saint-Vincent-de-Paul, rue de la Tombe-Issoire, 78.
Orphelinat des Sœurs du Saint-Cœur de Marie, rue Perceval, 22.
Orphelinat de Plaisance, rue Pernety, 63.
Orphelinat du Saint-Nom de Jésus, rue de Vanves, 185.
Ouvroir-externat de l'Immaculée Conception, rue de la Voie Verte, 27.
Orphelinat des Sœurs de Saint-Vincent-de-Paul, boulevard du Montparnasse, 92.
Orphelinat des Saints-Anges, rue de Vouillé, 8.
Orphelinat Saint-Charles, rue Blomet, 147.
Orphelinat des Sœurs de Saint-Paul, rue Violet, 44.
Orphelinat de Mlle Christie, rue Violet, 54.
Orphelinat de la Présentation, rue Nicolo, 10.
Orphelinat Notre-Dame-de-Grâce, rue Raynouard, 60.
Orphelinat des Sœurs de la Sagesse, avenue Victor Hugo, 117.

Orphelinat Parent de Rozan, avenue de Versailles, 122.
Orphelinat de Sainte-Marie des Batignolles, rue Saineuve, 19.
Orphelinat Saint-François-de-Sales, rue Tocqueville, 27.
Orphelinat évangélique des Batignolles, rue Clairaut, 15.
Orphelinat des Sœurs de Sainte-Marie, rue Gauthey, 39.
Ecole Sainte-Mathilde, rue Lemercier, 57.
Petite œuvre de la Madeleine, rue Jouffroy, 66.
Orphelinat-ouvroir Sainte-Geneviève, rue Bayen, 22.
Orphelinat du Sacré-Cœur, rue Caulaincourt, 37.
Orphelinat des Sœurs de Saint-Vincent-de-Paul, rue Championnet, 8.
Orphelinat de l'Abbé Deleuze, rue Championnet, 174.
Orphelinat du Sacré-Cœur, rue Sainte-Rustique, 12.
Orphelinat protestant de Montmartre, rue Championnet, 176.
Orphelinat des Sœurs de Saint-Vincent-de-Paul, rue Jean Cottin, 7.
Orphelinat Saint-Georges, rue Bouret, 20.
Orphelinat Saint-Joseph, rue Clavel, 8.
Orphelinat des Sœurs de Saint-Vincent-de-Paul, rue de Crimée, 160.
Asile des Petits Orphelins, rue de Ménilmontant, 118.
Orphelinat des Sœurs du Très-Saint-Sauveur, rue du Retrait, 9.
Orphelinat des Sœurs de Saint-Vincent-de-Paul, rue de la Mare, 73.
Orphelinat d'Aubervilliers, rue de la Courneuve, 11.
Œuvre des Enfants pauvres, à Billancourt, rue du Vieux-Pont de Sèvres, 158.
Orphelinat du Bourget, rue Ernest-Baroche, 7.
Orphelinat des Arts, à Courbevoie, rue de la Montagne-des-Moines.
Orphelinat de Drancy, rue Carnot, 18.
Orphelinat de Dugny, rue Cretté-de-Paluel.
Maison des Enfants, à Levallois-Perret, rue de Cormeille, 31.
Orphelinat de Nanterre, rue Saint-Germain, 60.
Orphelinat des Religieuses Dominicaines, à Neuilly, avenue Sainte-Foy, 18.
Orphelinat Quenessen, à Neuilly, boulevard Victor-Hugo, 86.
Orphelinat des Sœurs de Saint-Vincent-de-Paul, à Neuilly, rue des Poissonniers, 11.
Orphelinat protestant, à Neuilly, impasse de Longchamp, 9.
Orphelinat des Sœurs-Missionnaires de Marie, à Neuilly, rue Perronet, 149.
Orphelinat Marie-Joseph, à Puteaux, rue de Paris, 91.
Orphelinat de Saint-Denis, rue de la Fromagerie, 27.
Orphelinat de Saint-Ouen, rue Saint-Denis, 41.
Orphelinat de Stains, Grande-Rue, 68.
Asile Lauderdale, à Suresnes, ancien chemin de Colombes.
Orphelinat Sainte-Marie, à Antony, rue de l'Église, 18.
Orphelinat de l'Œuvre Saint-Raphaël, à Antony, place du Carrousel, 2.

Orphelinat de Bagneux, rue Pavée, 1.
Orphelinat de Bourg-la-Reine, place Condorcet.
Orphelinat d'Arcueil-Cachan, rue des Tournelles, 7.
Orphelinat de Champigny, Grande-Rue, 106.
Providence de Saint-Joseph, à Charenton-le-Pont, rue de Bordeaux, 10.
Orphelinat de Chatenay, rue des Vallées, 5.
Orphelinat de Choisy-le-Roi.
Orphelinat industriel de Clamart, rue du Nord.
Orphelinat Cathelot, à Clamart, rue de la Fontaine.
Orphelinat des Saints-Anges, à Clamart (succursale de l'Orphelinat Saint Charles, de Paris.)
Orphelinat de Conflans, rue Camille Mouquet.
Orphelinat de Créteil, rue du Moulin, 15.
Orphelinat de Fontenay-aux-Roses, rue Boucicaut, 48.
Orphelinat de Fresnes-les-Rungis, Grande-Rue.
Orphelinat des Sœurs fidèles compagnes de Jésus, à Gentilly, rue d'Arcueil, 35.
Orphelinat des Sœurs de Saint-Vincent-de-Paul, à Gentilly, rue Frileuse, 2.
Orphelinat de l'Hay, rue Bronzac.
Orphelinat d'Issy, rue des Noyers.
Orphelinat-ouvrier de la Providence, à Ivry, rue Parmentier.
Orphelinat Saint-Frambourg, à Ivry, rue de Paris, 110.
Orphelinat-ouvroir Sainte-Marie, à Malakoff, rue Turgis, 16.
Orphelinat de Montrouge, rue Verdier, 39.
Orphelinat du Grand-Montrouge, avenue de la République.
Orphelinat de la Sainte-Famille, à La Rue, rue de Fresnes, 24.
Maison des Orphelines de la Providence, à Saint-Mandé, rue Mongenot, 21.
Orphelinat de la Providence, à Saint-Maur-les-Fossés, rue des Tournelles.
Orphelinat Saint-Maurice, Grande-Rue, 53.
Orphelinat de Thiais.
Orphelinat Sainte-Félicité, à Vitry-sur-Seine, rue d'Oucy, 5.
Orphelinat Sainte-Jeanne, à Ormesson (Seine-et-Oise).
Orphelinat de la Roche-Guyon (Seine-et-Oise).
Orphelinat de Houilles (Seine-et-Oise), (Œuvre des petites mendiantes et enfants abandonnées.)

SECOURS AUX ENFANTS DES ECOLES

Caisses des écoles (une pour chaque arrondissement). Siège : à la Mairie.
Maisons des Sœurs de Saint-Vincent-de-Paul : rue Nicolo, 9; — rue Oudinot, 3; — rue de la Tombe-Issoire, 78; — rue de Monceau, 15 bis; rue de l'Abbaye, 3; — rue Geoffroy-Saint-Hilaire, 32, etc.

Maisons des Sœurs de la Sagesse : avenue Malakoff, 66; — des Sœurs de la Providence, à Courbevoie, avenue de l'Alma, 80; — des Sœurs de Sainte-Marie, à Billancourt, rue Nationale, 50.

Œuvre de la rue Championnet, rue Championnet, 174.

Œuvre des écoles du Comité de bienfaisance israélite, rue Saint-Georges, 17.

La Ruche.

Fondation Alboni.

Œuvre du Joyeux-Noël, avenue de la Bourdonnais, 4.

Œuvre des vieux souliers, à Saint-Ouen, rue Saint-Jean.

COLONIES DE VACANCES

Œuvre des Trois-Semaines, à Levallois-Perret, rue de Cormeille, 59.

Œuvre des colonies de vacances, cité Gaillard, 2.

Œuvre de saines vacances, rue du Montparnasse, 10.

Œuvre du Soleil, rue Torricelli, 3.

Colonies scolaires (une pour chaque arrondissement). Siège : à la Mairie.

Œuvre parisienne des colonies maternelles scolaires, Mairie du IVᵉ arrondissement, place Baudoyer.

Colonie scolaire du Patronage Ollier, rue d'Assas, 74.

HOPITAUX PUBLICS ET PRIVES POUR ENFANTS
ET ADOLESCENTS

Hôpital des enfants, rue de Sèvres, 149.

Hôpital Trousseau, rue de Charenton, 89.

Hôpital de Forges-les-Bains.

Hôpital de Notre-Dame du Perpétuel Secours (Pavillon Sainte-Marguerite), à Levallois-Perret, rue de Villiers, 80.

Infirmerie de l'Institution des Diaconesses, rue de Reuilly, 95.

Petit Hôpital Saint-François, boulevard Saint-Marcel, 36.

Hôpital Rothschild, rue Picpus, 75.

Maison Marguerite, à Neuilly, boulevard de la Saussaie, 42 bis, substituée à l'Institut Wesberge.

SANATORIA; HOPITAUX MARINS

Œuvre de Marie Auxiliatrice, rue de Maubeuge, 25, Etablissements de Villepinte et de Champrosay.

Œuvre des Enfants tuberculeux, rue de Miromesnil, 35, Etablissements d'Ormesson, Villiers et Noisy-le-Grand.

Hôpital de Berck-sur-Mer.

Sanatorium d'Hendaye.

Colonie de Cherrueix (Ille-et-Vilaine).

Hôpital Rothschild, à Berck-sur-Mer.

Œuvre nationale des Hôpitaux marins, rue de Miromesnil, 60, Etablissements à Banyuls et à Saint-Trojan.

Société des Instituts marins, rue du Général-Foy, 4.

Sanatorium du Croisic.

Sanatorium de Beneauville, (succursale de l'Orphelinat des Arts.)

Œuvre d'Argelis, rue d'Assas, 11.

DISPENSAIRES D'ENFANTS

Dispensaires de l'Assistance publique : rue de l'Arbre-Sec, 17; — rue du Marché Saint-Honoré, 9; — rue de la Jussienne, 2 ; — rue Pastourelle, 19 ; — rue Sainte-Croix-de-la-Bretonnerie, 22 ; — rue Boutebrie, 1 ; — rue de l'Epée de Bois, 5; — rue Saint-Benoît, 14; — rue de Vaugirard, 32; — rue Saint-Dominique, 109; — rue Oudinot, 1; — rue de Monceau, 15; — rue de La Rochefoucauld, 25; — rue des Petites-Ecuries, 5; — avenue Parmentier, 174; — rue du Chemin-Vert, 70; — rue Saint-Bernard, 33; — rue Pleyel; — rue de Citeaux, 28; — avenue d'Italie, 22; — rue Jenner, 44; — place de Montrouge, 1; — rue d'Alésia, 176; — place du Commerce; — rue d'Alleray, 12; — rue Jouvenet, 28; — rue du Ranelagh, 68; — rue Lauriston, 98; — rue Gauthey, 43; — rue Guersant, 15 ; — rue Ordener, 117; — rue Affre, 13; — rue Damrémont, 6; — rue Delouvain, 1; — rue Jomart, 5; — rue Saint-Blaise; — rue Boyer.

Dispensaires municipaux : rue Jean Lantier, 15; — rue Monsieur le Prince, 48; — rue Rodier, 32; — rue du Terrage, 14; — rue Pasteur, 7; — rue de Charolais, 26; — boulevard d'Italie, 69; — rue de la Convention, 48; — rue Letellier, 6; — rue Petrarque, 21; — rue Legendre, 132; — rue Rennequin, 24; place des Abbesses, 14; — place du Danube, 2; — rue de l'Equerre, 6; — rue des Cendriers, 45; — boulevard de Belleville, 124.

Dispensaire Ruel, rue Sainte-Croix-de-la-Bretonnerie, 42.

Dispensaire Alix Love, rue Eugène Sue, 7.

Dispensaires de la Société philanthropique : rue de Crimée, 166; — rue des Pyrénées, 48; — rue Labat; — rue Jean-Marie-Jégo, 4.

Dispensaire Furtado-Heine.

Dispensaire de l'Assistance catholique, passage Dechambre, 6.

Association des Sœurs de Jeanne d'Arc. Cliniques : rue de Grenelle, 164; — avenue du Maine, 124.

Dispensaire de l'Œuvre des Enfants Tuberculeux, rue de la Boétie, 31.

Dispensaire de l'Œuvre de Marie Auxiliatrice, (Œuvre de Villepinte), rue de la Tour-d'Auvergne, 17.
Dispensaire Simon Lazard, rue de la Fontaine.

ASILES DE CONVALESCENCE POUR ENFANTS ET ADOLESCENTS

Asile de La Roche-Guyon, Seine-et-Oise.
Maison de convalescence de Forges-les-Bains, (Seine-et-Oise).
Maison de convalescence de Garches, (Seine-et-Oise).
Asile Sainte-Hélène, à Epinay-sur-Sénart, (Seine-et-Oise).
Œuvre de l'Enfant Jésus, rue Dombasle, 30.

ENFANTS INCURABLES

Asiles des Jeunes Garçons infirmes et pauvres, rue Lecourbe, 223.
Asile Mathilde (Œuvre de Notre-Dame-des-Sept-Douleurs, à Neuilly, avenue du Roule, 42.
Asile Sainte-Germaine, rue Desnouettes, 45.
Hospice d'Ivry.

ENFANTS AVEUGLES

Institution nationale des Jeunes Aveugles, boulevard des Invalides, 56.
Ecole Braille, à Saint-Mandé, rue Mongenot, 5.
Clinique nationale des Quinze-Vingts, rue de Charenton, 28.
Maison des Sœurs Aveugles de Saint-Paul, rue Denfert-Rochereau, 88.
Asile des Jeunes Garçons infirmes, rue Lecourbe, 233.

ENFANTS SOURDS-MUETS

Institution Nationale des Sourds-Muets, rue Saint-Jacques, 254.
Institut départemental de Sourds-Muets, à Asnières, rue de Nanterre, 29.
Ecole nationale des Sourdes-Muettes, à Bordeaux, rue Saint-Sernin, 87.
Ecole de Sourdes-Muettes, à Bourg-la-Reine, Grande route d'Orléans, 55.
Société centrale d'Education et d'Assistance pour les Sourds-Muets, en France, rue Furstemberg, 3.
Société pour l'Instruction et la Protection des Sourds-Muets, rue Serpente, 28.
Fondation Vignette, à l'Institut national des Sourds-Muets.

M. Paul MAGNAUD

PRÉSIDENT DU TRIBUNAL DE CHATEAU-THIERRY

ENFANTS ALIENÉS, IDIOTS OU ARRIERES

Hospice de Bicêtre, à Gentilly, rue du Kremlin.
Colonie de Vaucluse, à Epinay-sur-Orge (Seine-et-Oise).
Fondation Vallée, à Gentilly, rue Benserade, 7.

APPRENTISSAGE

Sociétés de Protection et d'Encouragement.

Sociétés des Amis de l'Enfance, pour l'éducation et l'apprentissage des jeunes garçons pauvres de la ville de Paris, rue de Crillon, 15.

Société d'Apprentissage des Jeunes Orphelins, rue du Parc Royal, 10.

Association pour le placement en apprentissage et le patronage d'Orphelins des deux sexes, rue de Turenne, 37.

Société de Protection des apprentis et des enfants employés dans les manufactures, rue de Rennes, 44.

Œuvre des Apprentissages catholiques, passage Dechambre, 6. — Quatre ateliers-asiles : rue d'Odessa; — avenue du Maine, 24; boulevard Montparnasse, 90; — rue de la Grande Chaumière, 16.

Œuvre des écoles catholiques d'apprentissage, rue de Sèvres, 35.

Œuvre des écoles professionnelles catholiques, rue Cassette, 18.

Société pour l'enseignement professionnel des femmes, rue de Bruxelles, 7.

Comité de patronage des apprentis et des jeunes ouvriers de la confession d'Augsbourg, rue Titon, 4.

Comité de patronage des jeunes apprentis de l'Eglise réformée, rue de l'Oratoire, 4.

Œuvre de patronage pour les jeunes filles israélites de Paris.

Société pour l'assistance paternelle aux enfants employés dans l'industrie des plumes et des fleurs, rue de Lancry, 10.

Société d'encouragement de la bijouterie, joaillerie et orfèvrerie, rue de la Jussienne, 2.

Œuvre philanthropique de la propagation de l'apprentissage et du placement des apprentis bijoutiers, joailliers, orfèvres et des industries qui s'y rattachent, rue Chapon, 14.

Société de protection des enfants du papier peint, boulevard Didot, 43.

Ecole d'horlogerie de Paris, rue Manin, 30.

Patronage des apprentis tapissiers de la ville de Paris, rue de Lutèce, 3.

Hospice des Quinze-Vingts. Placement en apprentissage des enfants des pensionnaires de l'Hospice.

M. MOURIER

ANCIEN DIRECTEUR DE L'ASSISTANCE PUBLIQUE

Primes d'en' ouragement de la Société philanthropique.
Union française de la jeunesse, boulevard Saint-Germain, 157.

ÉCOLES PROFESSIONNELLES DE GARÇONS

Ecole nationale des Arts décoratifs, rue de l'Ecole de Méde-cine, 5.
Ecole municipale Diderot, boulevard de la Villette, 60.
Ecole municipale Boulle, rue de Reuilly, 57.
Ecole municipale Bernard Palissy, rue des Petits-Hôtels, 19.
Ecole municipale Germain Pilon, rue Ste-Elisabeth, 12.
Ecole municipale Estienne, boulevard d'Italie, 18.
Ecole municipale de physique et de chimie industrielle, rue Lhomond, 42.
Ecole d'orfèvrerie-bijouterie, rue Bourg-l'Abbé, 7.
Ecole Lenôtre, à Villepreux (Seine-et-Oise).
Ecole d'Alembert, à Montevrain (Seine-et-Marne).
Ecole Roudil, à Ben-Chicao (Algérie).
Ecole municipale professionnelle, à Nogent-sur-Marne, Grande-Rue, 64.
Etablissement Saint-Nicolas, rue de Vaugirard, 92. Succur-sales à Issy, Igny et Buzenval.
Orphelinat des apprentis, à Auteuil, rue de la Fontaine, 40.
Ecole de travail israélite, rue des Rosiers, 4 bis.
Ecole professionnelle Notre-Dame, à Aulnay-les-Bondy.
Ecole professionnelle, rue Championnet, 174.
Cours professionnels divers : de serrurerie, rue de Vanves, 79. (OEuvres ouvrières de Notre-Dame du Rosaire) ; — de dessin et de modelage, rue Saint-Martin, 176, rue Cha-pon, 22, rue de Lutèce, 3 ; — de typographie, rue Ber-gère, 20 (Ecole Chaix) ; — de couverture et de plomberie, rue des Poitevins, 8, cité du Petit-Thouars, 16 ; — de coupe de pierre, rue Truffaut, 33, rue Vercingétorix, 18, rue de la Roquette, 40 ; — de cordonnerie, rue de Mont-morency, 48 ; — de carosserie, rue Laugier, 24, avenue des Ternes, 11 ; — de fumisterie, rue Beautreillis, 26 ; — de maçons et tailleurs de pierre, rue de Lutèce, 3 ; — de menuiserie, rue de Ravignan, 13 ; — d'ébénisterie, avenue Ledru-Rollin, 77 ; des industries du papier, rue de Lancry, 10 ; — des mécaniciens et chauffeurs, dans les mairies des IV°, X°, XI°, XII°, XIII°, XV°, XVI°, XVII° et XX° arrondissements.

ECOLES PROFESSIONNELLES DE FILLES

Ecole ménagère catholique, rue de Vaugirard, 203.
Ecole nationale des Arts décoratifs, rue de Seine, 10.

Ecole municipale professionnelle et ménagère, rue de la Tombe-Issoire, 77.

Ecole municipale professionnelle et ménagère, rue Fondary, 20.

Ecole municipale professionnelle et ménagère, rue Bossuet, 14.

Ecole municipale professionnelle, rue de Poitou, 7.

Ecole municipale Jacquard, rue Bossuet, 46.

Ecole municipale professionnelle et ménagère, rue Ganneron, 26.

Ecole municipale et ménagère d'Yzeure (Allier).

Ecoles Elisa Lemonnier, rue Duperré, 24, rue des Boulets 41.

Ecoles agrégées à l'Œuvre des Ecoles professionnelles catholiques : rue Vieille-du-Temple, 10 ; — rue Saint-Antoine, 143 ; — rue Geoffroy-Lasnier, 30 ; — rue Poulletier, 7 ; — rue de Grenelle, 182 ; rue du Cherche-Midi, 116 ; — rue Chomel, 7 ; — rue de Clichy, 50 ; — rue de Reuilly, 77 ; — rue Vaudrezanne, 44 ; — rue Jenner, 39 ; — place Jeanne-d'Arc, 26 ; — rue Gassendi, 29 ; — rue de Rome, 151 ; — rue Stephenson, 58 ; — rue Jean Cottin, 7 ; — rue Championnet, 8 ; — rue Bourret, 20 ; rue d'Angoulême, 81.

Ecole professionnelle d'Imprimerie, rue Bonaparte, 19.

Atelier-école, avenue du Maine, 220.

Ouvroir Sainte-Geneviève, rue de la Parcheminerie, 14.

Ecole Ménagère, rue de Vanves, 183.

Ecole professionnelle des Jeunes Filles de l'Etoile, avenue de la Grande-Armée, 52.

Ecole professionnelle des Ternes, rue Bayen.

Ecole professionnelle de l'Abbé Deleuze, rue Championnet, 114.

Ecole professionnelle de Typographie, cours de la Reine, 20.

Ecole de Travail pour les Jeunes Filles israélites, boulevard Bourdon, 13.

Ecole professionnelle des Jeunes Filles de Malmaisons, avenue de Choisy, 25.

Fondation Hortense Parent, rue des Beaux-Arts, 2.

Ecole professionnelle, avenue de Saxe, 35.

Ateliers chrétiens pour les Jeunes Filles, avenue de l'Alma, 30.

Ecoles professionnelles diverses, dirigées par les Sœurs de Saint-Vincent-de-Paul : rue de la Harpe, 35 ; — rue Geoffroy-Saint-Hilaire, 32 ; — boulevard du Montparnasse, 92 ; — rue Alibert, 10 ; — rue d'Assas, 26 ; — rue de Rocroi, 10 ; — rue de la Glacière, 41 ; — rue de la Tour d'Auvergne, 18 ; — rue Caulaincourt, 37.

Ecole professionnelle de la Petite Œuvre de Saint-Sulpice, rue Cassette, 25.

Ouvroir de l'Institution des Diaconesses, rue de Reuilly, 95.

Ecole professionnelle des Sœurs de la Sagesse, avenue Mala-koff, 66.

Ecole professionnelle des Sœurs des Ecoles chrétiennes de la Miséricorde, rue Crocé-Spinelli, 12.

Ouvroir des Sœurs du Sacré-Cœur de Jésus, avenue de Saint-Ouen, 30.

Patronage Saint-Augustin, quai de Billancourt, 51.

Ouvroir interne des Orphelines, à Saint-Denis, rue de la Fro-magerie, 27.

Ecole professionnelle et ménagère de Villemomble.

Ecole professionnelle de Noisy-le-Sec, rue Saint-Denis, 88.

Ecole professionnelle de Montreuil-sous-Bois, rue de la Ré-publique.

Ecole professionnelle de Sceaux, rue des Imbergères, 27.

ŒUVRES DE PRESERVATION

Garderies scolaires, dans tous les arrondissements.

Société contre la mendicité des enfants, rue d'Assas, 90.

Maison de travail pour les jeunes gens, rue de l'Ancienne-Comédie, 13.

Œuvre de la Première Communion, rue de la Fontaine, 40.

Patronage des Jeunes Garçons protestants en danger moral, rue Fessart, 36.

Refuge israélite du Plessis-Piquet.

Œuvre des Petites préservées, rue Violet, 54.

Œuvre de la Préservation, rue de Vanves, 185.

Maison familiale, pour l'enfance délaissée ou coupable, rue de l'Amiral-Mouchez, 24.

Asile des petites mendiantes de la Ville de Paris et du dépar-tement de la Seine, rue de la Santé, 57, (succursale au Raincy).

Œuvre des petites mendiantes ou enfants abandonnées du département de la Seine, avenue de Breteuil, 60.

Patronage familial, place Dauphine, 14.

Œuvre protestante des enfants en danger moral (Petites Fa-milles), rue de Lisbonne, 49.

Foyer Caroline de Barrau, à Puteaux, avenue de Saint-Ger-main, 46.

L'Abri de la Fillette, rue des Cascades, 38.

Asile maternel pour les Jeunes Filles moralement abandon-nées, rue Clavel, 26.

Maison israélite de refuge pour l'enfance, à Neuilly, boule-vard de la Saussaye, 19.

PATRONAGES ET ŒUVRES DE JEUNESSE

Commission des Patronnages et Œuvres de Jeunesse, rue de Coëtlogon, 7.

Patronage des apprentis et des jeunes ouvrières, rue Oudinot, 27. — Comprend 57 Patronages de Garçons, 105 Patronages de filles à Paris ou dans la banlieue.

Association libre pour l'éducation de la Jeunesse ouvrière, rue de Dantzig, 1. — 13 patronages.

Patronages de la Société de Saint-Vincent-de-Paul. — 20 patronages agrégés à la Société ou soutenus par elle.

Société de patronage des ramoneurs, fumistes et autres ouvriers nomades des rues de Paris, impasse des Bœufs, 6.

Patronages paroissiaux de Garçons, au nombre de 80 environ.

Patronages laïques de Garçons, subventionnés par la Ville de Paris.

Patronage de l'Œuvre des Apprentissages catholiques, passage Dechambre, 6.

Œuvre Sociale de Popincourt (Seulements charitables), rue Folie-Regnault, 72.

Union Sociale de Charonne, rue de Charonne.

Divers Patronages paroissiaux de Filles.

Patronages laïques de Filles, subventionnés par la Ville de Paris.

ETABLISSEMENTS DE CORRECTION

Petit Ouvroir de Saint-Vincent-de-Paul, rue du Cherche-Midi, 120.

Refuge de Sainte-Anne, à Châtillon-sous-Bagneux.

Institution des Diaconesses des Eglises évangéliques de France, rue de Reuilly, 95.

Refuge du Bon-Pasteur, à Conflans-Charenton, rue Camille-Mouquet, 6.

Ecole de Réforme de la Salpétrière, boulevard de l'Hôpital, 47.

Ecole Le Pelletier de Saint-Fargeau, à Montesson (Seine-et-Oise).

Ecole Maritime de Port-Hallan.

ŒUVRES DE RELEVÉMENT

Société de Patronage des jeunes détenus et des jeunes libérés du département de la Seine, rue de Mézières, 9.

Société de Patronage de jeunes filles détenues, libérées et abandonnées, à Chatenay, rue d'Antony, 13.

Société de protection des engagés volontaires, élevés sous la tutelle administrative, rue de Milan, 11 bis.

Vestiaire des Enfants prisonniers, au Palais de Justice.

II

AGE ADULTE

INSTITUTIONS DE PREVOYANCE

*Sociétés d'Epargne, de Secours Mutuels, de Retraite,
Coopératives de Consommation, etc.*

Vestiaire des Enfants prisonniers, au Palais de Justice.
Caisse d'Epargne de Paris, rue Coq-Héron, 9. — 30 succursales à Paris ou dans la banlieue.
Caisse nationale d'Epargne (Caisse d'Epargne postale.)
Caisses d'Epargne scolaires.
La Fourmi, Société en Participation d'Epargne, rue du Louvre, 23.
Société de Secours Mutuels. — 411 Sociétés approuvées à Paris ou dans la banlieue, au 31 décembre 1897, et 490 autorisées.
L'Aiguille (association professionnelle mixte de patronnes, employées ou ouvrières en habillement) cité du Retiro, 9.
Caisse nationale de Retraite pour la Vieillesse, rue de Lille, 56.
Caisse de Retraite des Travailleurs du Ier arrondissement, rue des Pyramides, 3.
L'Union Fraternelle, Société de Prévoyance mutuelle pour la création de pensions viagères, rue du Mail, 29.
La France Prévoyante, société civile, philanthropique et nationale de retraites, rue de Rivoli, 64.
La Boule de Neige, société philanthropique et humanitaire de retraites, rue Etienne-Marcel, 32.
Le Grain de Blé, rue des Francs-Bourgeois, 29.
Associationfraternelle des Employés et Ouvriers des Chemins de fer français, caisse de retraite et de secours, rue du Bourg-l'Abbé, 5.
Le Sou quotidien, société civile de retraites, rue du Faubg Montmartre, 43.
Caisse de retraite des Pasteurs de l'Eglise Réformée de France, rue Roquépine, 5.
Sociétés coopératives de Consommation. — 102 Sociétés à Paris ou dans la banlieue.
Caisse nationale d'Assurance en cas de Décès.
Œuvre des secours à domicile, rue Saint-Marc, 14.
Caisse nationale d'assurance en cas d'accidents, rue de Lille, 56.
Société de dotation de la jeunesse française, rue de Grenelle, 71.

La Famille française, rue Drouot, 17.
Société fraternelle de protection des veufs, veuves et orphelins des fonctionnaires de la Ville de Paris, boulevard de Grenelle, 65.
Union fraternelle des facteurs des postes du département de la Seine.

CAISSES DE LOYERS

Caisses des loyers de la Société de Saint-Vincent-de-Paul.
Caisse des loyers de l'Institution des Diaconesses, rue de Reuilly, 95.
Caisses de loyers des Maisons des secours dirigées par les Sœurs de Saint-Vincent-de-Paul, rue Boutebrie, 1 ; — rue Poulletier, 7 ; rue Oudinot, 3, etc.

HABITATIONS ECONOMIQUES

Habitations économiques de la Société philanthropique : Fondation Armand et Michel Heine, rue Jeanne-d'Arc, 45 ; — boulevard de Grenelle, 65 ; rue d'Hautpoul, 19. — Fondation Gouin, à Clichy, rue d'Alsace, 23. — Fondation de Hirch, rue de Clignancourt, 77.
Société française des habitations à bon marché, rue de la Ville-l'Evêque, 15.
Société anonyme d'habitations économiques, rue Pigalle, 54.
Société anonyme des habitations ouvrières de Paris-Auteuil, boulevard de Strasbourg, 37.
Société anonyme des habitations économiques de Saint-Denis. Siège social : à Paris, rue de Rochechouart, 22 ; — Le Foyer, à Saint-Denis, rue de Paris, 137 ; — L'Amitié, à Saint-Denis, rue Jannot. Siège social : à Paris, rue de la Ville-l'Evêque, 15.
Le Coin du feu, Société anonyme coopérative de constructions ouvrières, à capital variable, à Saint-Denis, rue de la Charonnerie, 23.
Le Foyer, Société anonyme coopérative, à La Garenne-Colombes.
Société anonyme des maisons à bon marché de Clichy.
Maisons à loyers réduits, rue Vauvenargues, 3 ; — rue de Reuilly, 52 ; — rue Tournefort, 24.

INSTITUTIONS PATRONALES ET PARTICIPATION
AUX BENEFICES

Etablissements ayant introduit ou adopté le système de la participation du personnel aux bénéfices : Imprimerie na-

M. RANVIER

CONSEILLER MUNICIPAL DU QUARTIER DE LA ROQUETTE.

tionale ; — Maison Leclaire ; Maison du Bon Marché, etc.
Institutions patronales des Compagnies des chemins de fer
du Nord, du Midi, d'Orléans, de Lyon, de l'Est, de l'Ouest,
de l'Etat, Ecoles, ouvroirs, économats, soins médicaux,
logements économiques, caisses de retraite, etc.

SECOURS DIVERS AUX INDIGENTS

Bureaux de bienfaisance : à Paris, un par arrondissement,
à la Mairie. — Dans la banlieue, un par commune.
Dispensaires des bureaux de bienfaisance, au nombre de
45, répartis dans tous les quartiers de Paris.
Secours de loyers de la Préfecture de police.
Maisons de charité libres : 76 à Paris, 36 dans la banlieue.
Société philanthropique de Paris, rue des Bons-Enfants, 41.
Fondation de Hirsch (24 pensions viagères de 3,000 fr.) Voir
Maternité, Dispensaire, etc.
Société de Saint-Vincent-de-Paul, rue de Furstemberg, 6 ;
226 Conférences à Paris, 43 dans la banlieue, non com-
prises les Conférences des patronages.
**Délégation générale des Diaconats de l'Eglise réformée de
Paris,** rue de l'Oratoire, 1.
Association protestante de bienfaisance, place Malesherbes,
15.
Association de bienfaisance des Dames du Sacré-Cœur, rue
Bureaux de bienfaisance israélites, rue Saint-Georges, 17;
rue Rodier, 50; rue de Trévise, 35; rue Réaumur, 113,
du Mont-Cenis, 21.
Œuvre de la Miséricorde, en faveur des pauvres honteux,
boulevard Saint-Germain, 175.
Association charitable des femmes du monde, rue d'An-
jou, 27.
Œuvre des faubourgs.
Œuvre de la Chaussée du Maine, rue des Fourneaux, 74.
Réunion protestante de charité, rue de Vienne, 20.
Caisse du secours immédiat du Petit Journal, passage des
Deux-Sœurs.
Caisse de secours du Figaro, rue Drouot, 26.
Société charitable de Visiteurs pour le relèvement des fa-
milles malheureuses, rue de Lille, 25.
Association de charité, pour visiter et secourir à domicile
les familles pauvres.
Union interscolaire de bienfaisance, rue de l'Ancienne-Co-
médie, 13.
Société amicale de bienfaisance, rue Blanche, 45.
**Société de bienfaisance des jeunes gens de l'Eglise Réformée
de Paris,** rue de l'Oratoire, 4.
Diaconat de l'Eglise luthérienne de Paris, rue Chauchat.
Comité des Dames de l'Etoile, avenue de la Grande-Ar-
mée, 54.

Association de charité des Etudiants de la Faculté de théologie protestante de Paris.

Association des Veuves Protestantes de Paris, avenue du Bois de Boulogne, 64.

Œuvre des Dizaines, rue des Batignolles, 7.

Œuvre du Chiffon, cité Raynaud, 4.

Association des Journalistes parisiens, rue Grange-Batelière, 14.

Société des Amis des Sciences, boulevard Saint-Germain, 79.

Vestiaire Saint-Joseph, rue Notre-Dame-des-Champs, 39.

Vestiaire de l'Œuvre du Souvenir, rue Laferrière, 11 bis.

Œuvre de Saint-Luc, rue Duphot, 16.

Vestiaire de la Ligue fraternelle de Montmartre, rue Sainte-Isaure, 17.

Œuvre du Vestiaire gratuit de Saint-Fargeau, rue Pelleport, 165 bis.

Vestiaire de la Mie de Pain, rue Bobillot, 64.

Vestiaire-Ouvroir, rue Oudinot, 3.

Vestiaire des Œuvres ouvrières de Notre-Dame du Rosaire, rue Crocé-Spinelli, 12.

Vestiaire des RR. PP. Fransciscains, rue de Puteaux, 8.

Œuvre du Vestiaire, rue Legendre, 11.

Vestiaire de l'Œuvre des Pauvres du Sacré-Cœur, rue Lamark.

Cercle des Hirondelles, avenue des Champs-Elysées, 102.

Vestiaire des petits enfants pauvres, passage Cardinet, 24.

Vestiaire des Œuvres ouvrières de Clichy, rue du Landy, 7.

Ouvroir Saint-Vincent-de-Paul, place Malesherbes, 24.

Société des Fourmis.

Prêt gratuit de couvertures du IIe arrondissement, rue Tiquetonne, 44.

Prêt gratuit de couvertures du IIIe arrondissement, rue Caffarelli, 14.

Prêt gratuit de couvertures du VIIIe arrondissement, à la Mairie.

Curatelle des indigents du IIIe arrondissement, à la Mairie.

Bureau de bienfaisance de l'Ecole Polytechnique, rue Descartes, 21.

Comité de bienfaisance de l'Ecole normale, rue d'Ulm, 45.

Œuvre de la Providence du VIIe arrondissement.

Bureau libre de charité du VIIe arrondissement, rue de Lille, 10.

Œuvre des loyers, rue du Bac, 140.

Fondation Orville et Mylius, rue du Bac, 140.

Œuvre des loyers du XIe arrondissement, boulevard Voltaire, 148.

Société d'Assistance et de secours de loyers du quartier de Bercy, rue de l'Yonne, 15.

Œuvre des loyers du quartier des Quinze-Vingt, boulevard de la Bastille, 6.

Œuvre des pauvres du Bas-Montreuil.

Œuvre de Sainte-Marthe, boulevard Haussmann, 63.

Société de la Fédération humanitaire, à Puteaux.

Ouvroir-Vestiaire, à Vitry, rue Audigeois, 36.

Piscines municipales, rue Rouvet, 1, place Hebert, 1.

Désinfection gratuite par les étuves municipales, rue de Chaligny, 21 ; rue du Château-des-Rentiers, 73 ; rue de Stendhal, 1.

Bains-douches à bon marché, rue de Bretagne, 40.

DISTRIBUTION D'ALIMENTS

Fourneaux de la Société Philanthropique. — 26 Fourneaux : rue Saint-Germain-l'Auxerrois, 12 ; rue de la Lune, 11 ; rue Poulletier, 5 bis ; rue Geoffroy-Saint-Hilaire, 32 ; rue de l'Epée-de-Bois, 3 ; rue Saint-Jacques, 253 ; rue de l'Abbaye, 7 ; rue d'Assas, 26 ; rue Ambroise-Paré, 13 bis ; rue Philippe-de-Girard, 13 ; rue Oberkampf, 142 ; rue de Citeaux, 28 ; rue Raty, 3 ; rue Coriolis, 19 ; rue Vaudrezanne, 23 ; avenue du Maine, 201 ; rue Olivier-de-Serres, 212 ; rue Violet, 69 ; rue Boileau, 80 ; rue du Ranelagh, 68 ; boulevard Gouvion-Saint-Cyr, 29 ; avenue de Clichy, 173 bis ; rue Labat, 44 ; rue Stephenson, 50 ; rue de Crimée, 166 ; rue du Pressoir, 35 bis ; rue des Partants, 14 ; rue des Pyrénées, 48 ; à Saint-Ouen, avenue des Batignolles, 27.

Fourneaux de la Société de Saint-Vincent-de-Paul. — 20 Fourneaux : rue de Saintonge, 3 ; rue Brise-Miche, 4 ; rue de Sèvres, 97 ; rue de Milan, 16 ; rue Bossuet, 12 ; rue Alibert, 10 ; rue Saint-Maur, 64 ; rue Corvisart, 65 ; rue des Tanneries, 20 rue Crocé-Spinelli, 12 ; rue de Lauriston, 78 ; rue Championnet, 8 ; rue de Tanger, 43 ; rue de Crimée, 146 ; rue Bouret, 20 ; rue Planchat, 42 ; à Asnières, rue de Courbevoie, 83 ; à Clichy, rue de Martre, 84 ; à Puteaux, rue de Paris, 91.

Fourneaux paroissiaux. — Rue Nicole, 9; rue des Bernardins, 15 ; rue Jenner, 39 ; rue de Tocqueville, 59 ; rue Caulaincourt, 37 ; rue Montgolfier, 22 ; rue Laferrière, 11 bis ; rue Championnet, 174 ; rue de Vanves, 182 ; rue de Dantzig, 1 ; rue Saint-Benoît, 18 ; rue Riquet, 68 ; rue de Javel, 35.

Fourneaux du Comité de bienfaisance israélite. — Rue des Juifs ; rue Ordener.

Fourneaux divers de la banlieue. — A Asnières, avenue d'Argenteuil (municipal) ; à Aubervilliers, rue de la Courneuve, 7 ; à Charenton, rue de Bordeaux, 10 ; à Clamart (municipal) ; à Clichy, rue de Martre, 84 ; rue du Landy, 7 ; à Dugny ; à Créteil ; à Gentilly, rue Frileuse, 2 ; à Mon-

treuil-sous-Bois ; à Neuilly, rue de l'Hôtel-de-Ville, 65 bis ;
à Noisy-le-Sec, rue Tripier.

Œuvres des Soupes populaires, subventionnées par la Ville
de Paris : rue Montmartre, 160 ; rue Saint-Augustin, 1 ;
rue Réaumur, 62 ; rue du Figuier, 18 ; rue Thouin, 17 ;
rue Pestalozzi, 13 ; rue Dauphine, 34 ; boulevard Rochechouart ; rue de la Folie-Regnault, 78 ; rue Faidherbe, 38 ;
rue Rondelet, 8 ; boulevard de la Gare, 211 ; boulevard de
l'Hôpital ; rue de la Gaîté, 11 ; rue de l'Abbé-Groult, 73 ;
rue de Javel, 128 ; rue Beethoven, 11 ; rue Bacon, 14 ; impasse Compoint ; rue de Salneuve, 17 ; impasse Pers, 4 ;
rue de Crimée, 44 ; rue du Télégraphe, 35 ; rue du Retrait,
18 ; rue des Haies, 56.

Œuvre de la Mie de Pain, rue Bobillot, 64.
Œuvre de la Bouchée de Pain, rue des Filles-du-Calvaire, 11;
Quatre réfectoires : rue Servan ; place de la République ;
quai aux Fleurs ; place de la Salpêtrière.
Le Pain pour tous, rue des Grandes-Carrières, 4.
Société des Amis des pauvres, rue de l'Arbre-Sec, 22.
Œuvre des pauvres du Sacré-Cœur, rue Lamark, 31.
Œuvre du Pain des pauvres, rue de Puteaux, 8.
Œuvre du Pain de Saint-Antoine.

ASILES DE NUIT

Refuge municipal Benoît-Malon, quai de Valmy, 107.
Asile municipal Georges-Sand, rue Stendhal, 1.
Œuvre de l'hospitalité de nuit, rue de Tocqueville, 59. Qua-
tre asiles : rue de Tocqueville, 59 ; boulevard de Vaugi-
rard, 14; rue de Laghouat, 13; boulevard de Charonne, 122.
Asiles de nuit de la Société Philanthropique, Trois asiles :
rue Saint-Jacques, 253 ; rue de Crimée, 166 ; rue Labat, 44.
Asile de nuit, rue Mouffetard, 76.
Hôtellerie populaire de l'Armée du Salut, rue de Chabrol, 35.
Œuvre de l'assistance par le travail, rue du Colisée, 34.
Hôtellerie de l'Œuvre Laubespin, rue Virginie, 7.

ASSISTANCE PAR LE TRAVAIL

Œuvre de l'Assistance par le travail, rue du Colisée, 34.
Magasin central des hôpitaux.
Œuvre maternelle de Sainte-Madeleine.
Œuvre du travail à domicile pour les mères de famille indi-
gentes, avenue de Versailles, 52.
Ouvroir du Ve arrondissement, rue du Val-de-Grâce, 11.
Œuvre du travail, rue de Berlin, 4.
**Œuvre de la charité par le travail de Notre-Dame-Consola-
trice**, rue Blanche, 5.
Ouvroir de l'Œuvre sociale, rue de la Folie-Regnault, 72 bis.

Société d'assistance par le travail des VIII⁰ et XVII⁰ arrondissements, rue Salneuve, 17.
Ouvroir externe de femmes, rue de Vanves, 179.
Ouvroir de l'Union d'assistance du XVI⁰ arrondissement, rue de la Pompe, 55.
L'Adelphie, Société d'aide mutuelle de dames, square du Roule, 5.
L'Abeille, rue Vignon, 28.
Œuvre du Torchon, rue Crocé-Spinelli, 12.
Ouvroir de l'Union parisienne des institutions féminines chrétiennes, rue du Parc-Royal, 12.

ASSISTANCE PAR LE TRAVAIL ; ASILES DE CHOMAGE

Refuge municipal Nicolas Flamel, rue du Château-des-Rentiers.
Refuge municipal Pauline Roland, rue Fessart, 35.
Colonie agricole de la Chalmelle, Esternay (Marne).
Asile départemental de Nanterre.
Asile national de Vincennes-Annexe, rue de Charenton, 32.
Maison hospitalière pour les ouvriers sans asile et sans travail, rue Fessart, 36.
Œuvre de l'Hospitalité du travail. — Maison de travail pour les femmes, avenue de Versailles, 52 ; — Maison de travail pour les hommes, avenue de Versailles, 54, et rue Félicien-David, 33.
Société d'assistance par le travail des 1ᵉʳ et 4⁰ arrondissement, 33, rue des Francs-Bourgeois.
Société d'assistance par le travail du II⁰ arrondissement, place des Petits-Pères, 5.
Union d'assistance du VI⁰ arrondissement, rue du Montparnasse, 14.
Société d'assistance par le travail des VIII⁰ et XVII⁰ arrondissement, rue Salneuve, 17.
Atelier de l'Union parisienne des institutions féminines chrétiennes, rue du Parc-Royal, 12.
Œuvre d'assistance par le travail, rue Cels, 18.
Atelier de l'Union d'assistance du XVI⁰ arrondissement, à la Mairie.
Société d'assistance par le travail de Courbevoie, rue d'Essling, 20.
Ouvroirs-ateliers pour les ouvrières sans travail, rue Saint-Charles, 120 bis ; rue Doudeauville, 39 ; rue Saint-Paul, 9.
Œuvre des Jardins ouvriers, à Bercy, Saint-Mandé et Saint-Ouen.
Asile temporaire protestant pour femmes, rue de la Villette, 48.
Abri Saint-Joseph, rue du Mont-Cenis, 28.
Atelier de l'Union chrétienne des ateliers de femmes, rue de l'Université, 129.

PROJET DE LA MAISON DU PAUVRE (rue Pixérécourt et rue de la Duée, Paris, XXᵉ)
Vue du Jardin, du côté de la rue de la Duée

Vue de la Propriété du côté de la rue Pixérécourt.

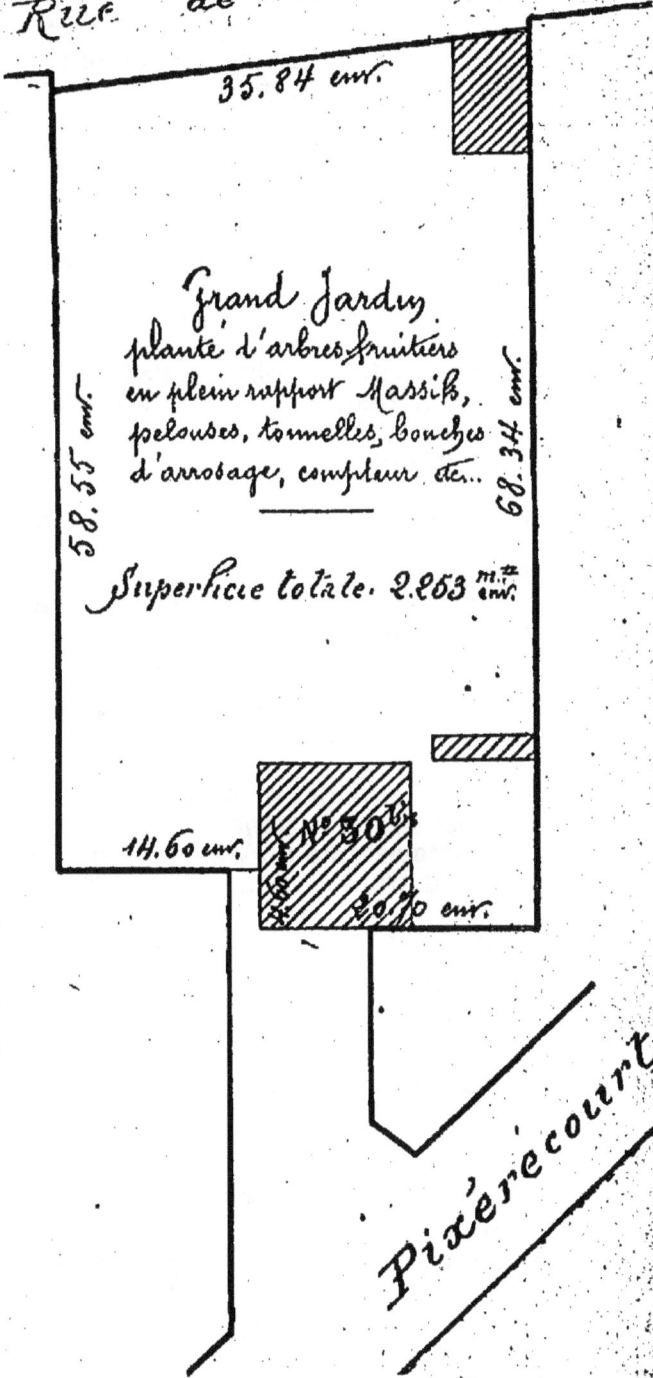

Grâce à mes dévoués collaborateurs, la MAISON DU PAUVRE fonctionne dans les petits locaux que j'occupe boulevard Voltaire, 119, et elle a pu rendre déjà de nombreux services aux malheureux.

Il est temps de donner à l'Œuvre l'impulsion nécessaire, et je suis heureux d'avoir découvert à Paris, en plein centre ouvrier, rue Pixérécourt et rue de la Duée (XX° arrondissement), une propriété de 2.253 mètres, comprenant grand jardin et diverses constructions. Cet immeuble permettrait d'installer la MAISON DU PAUVRE dans des conditions bien avantageuses.

Il faudrait environ 60.000 fr. pour acquérir la propriété dont s'agit.

Quels cœurs généreux permettront de mettre ce projet à exécution ?

GEORGES HARMOIS

Lauréat de la Société Nationale d'Encouragement au Bien

Rue de la Duée

35.84 env.

58.55 env.

68.34 env.

Grand Jardin planté d'arbres fruitiers en plein rapport Massifs, pelouses, tonnelles, bouches d'arrosage, compteur etc...

Superficie totale 2.253 m.ᵗ env.

14.60 env.

N° 30

20.70 env.

Pixérécourt

Ateliers de la Société générale de patronage des libérés, rue de la Cavalerie, 4 bis, rue Lourmel, 19.

Le Relèvement, atelier d'assistance par le travail de l'Armée du Salut, à Neuilly, rue Parmentier, 30.

Maison d'assistance par le travail de la Société La Prospérité, avenue Ledru-Rollin, 72.

Société de protection des institutrices sans place, à Neuilly, avenue du-Roule, 61.

Œuvre des pauvres honteux, rue Blomet, 120.

Œuvre de Notre-Dame de Bon-Secours, cité Voltaire, 4.

Œuvre de chômage des Sœurs de Marie-Auxiliatrice, rue de Maubeuge, 25.

Maison de Notre-Dame-Auxiliatrice, rue de Vaugirard, 233.

Patronage Saint-Joseph, rue du Rocher, 59.

Patronage Saint-Antoine-de-Padoue, rue du Rocher, 40.

Œuvre des Sœurs servantes de Marie, rue Duguay-Trouin, 5. rue Nicolo, 62.

Association du Foyer temporaire de Notre-Dame de Bon-Secours, rue de Vaugirard, 163 bis.

Asile chrétien pour domestiques femmes, rue Salneuve, 25.

Maison des Sœurs de Saint-Charles, rue de Château-Landon, 23.

Patronage Sainte-Marthe, rue d'Erlanger, 58.

Home israélite, rue de la Tour-d'Auvergne, 38.

PLACEMENT, RAPATRIEMENT

Bureaux municipaux de placement gratuit. Dans presque tous les arrondissements ; à la Mairie.

Société protestante du travail, rue du Château-d'Eau, 55.

Société du travail, Mairie du XI° arrondissement, place Voltaire.

Société du travail pour le personnel spécial des travaux publics.

Bureau municipal de placement gratuit, à Levallois-Perret, à la Mairie.

Comité de placement de l'Œuvre de la Fraternité commerciale, rue du Canivet, 3.

Association d'Alsace-Lorraine, rue du Château-d'Eau, 38.

Bureaux de placement gratuit : rue de Turenne, 23 ; rue de Beausset, 11.

L'Œuvre féminine, Société philanthropique des dames et des demoiselles, rue Vaneau, 49.

Association professionnelle de Saint-Fiacre, rue de la Montagne Sainte-Geneviève, 34.

Service de placements gratuits de l'Œuvre des Pauvres du Sacré-Cœur ; — du Patronage Saint-Joseph ; — du Patronage Saint-Antoine de Padoue ; — du Patronage Sainte-Marthe ; — du Patronage Saint-Gervais ; — de l'Union internationale des Amies de la jeune fille ; — de l'Association des institutrices chrétiennes ; — de la Maison de travail pour jeunes gens ; — de la Maison de Notre-Dame-Auxiliatrice ; — de l'Association des voyageurs du commerce ; — de l'Union parisienne des institutions féminines, etc.

PRET

Mont-de-Piété de Paris, rue des Francs-Bourgeois, 55. Trois succursales et 20 bureaux auxiliaires dans les différents quartiers.

Société Philanthropique du prêt gratuit, rue Cadet, 26.

Société de crédit mutuel à prêts gratuits, rue Bonaparte, 33.

Caisse de prêts gratuits, du quartier de la Goutte-d'Or, rue Saint-Luc, 11.

Caisse de prêts d'honneur, pour les gens de lettres, rue du Ranelagh, 129.

Société de secours et prêts entre les agents forestiers.

Caisses de prêts, du Syndicat de l'aiguille ; — du Comité de bienfaisance israélite ; — de la Société d'assistance du quartier de Bercy ; — de la Société coopérative du XVIIᵉ arrondissement ; — de l'Association des comptables du commerce et de l'industrie ; — de l'Association des membres de l'enseignement ; — de la Société La Couturière ; — de l'Association Landaise ; — de l'Association Vosgienne ; — de l'Association amicale de Loir-et-Cher, etc.

FONDATIONS CHARITABLES DIVERSES

Fondation Thiers : Les Quinze, rond-point Bugeaud.

Fondation Carnot ; — Prix d'Aboville ; — Prime Legentil ; — Fondation Copin ; — Fondation Reverdy ; — Fondation Narabutin ; — Fondation Boucher de Perthes ; — Fondation Odièvre ; — Fondation Grimal ; — Fondation Rampal; — Fondation Vincent ; — Fondation Pascal Faval ; — Fondation Foucher;— Fondation Préaux;—Fondation Barbet-Batifol ; — Fondation Veuve Cuvillier ; — Fondation Faber ; — Fondation Modeste ; — Fondation Veuve Mairet ; — Fondation J. Reinach ; — Fondation Crozatier ; — Fondation Nouspikel ; — Fondation Christine-Augustine-Couronne ; — Fondation Rouget ; — Fondation Debolle ; — Fondation Remoiville ; — Fondation Boissière ; — Fondation Fabien.

ŒUVRES DE PRESERVATION POUR JEUNES ADULTES

Œuvre de Notre-Dame de la Miséricorde, rue de Vaugirard, 340.

M. Louis PAULIAN

PROMOTEUR DE LA CAISSE CENTRALE DES ŒUVRES
DE CHARITÉ PRIVÉE,

Maison de Famille, de Saint-Nicolas, rue de Turenne, 23.

Cercle et Maison de Famille, des Francs Bourgeois, rue Saint-Antoine, 212.

Maison de Famille, de la Société des Amis de l'Enfance, rue de Crillon, 16.

Maison de Famille de l'Association pour l'éducation de la jeunesse ouvrière, rue Vanneau, 30 ; passage Landrieu, 9.

Maison de Famille de l'Association de la jeunesse catholique, rue des Saints-Pères, 76.

Œuvre de Notre-Dame-de-Bonne-Garde, Maison de famille pour jeunes filles : rue de la Sourdière, 25 ; — rue Oudinot, 3 ; — rue du Cardinal-Lemoine, 69 ; — rue Alibert, 10 ; — rue d'Assas, 26 ; — rue Bouret, 20 ; — rue Geoffroy-l'Asnier, 30 ; — rue Geoffroy-Saint-Hilaire, 32 ; — rue des Guillemites, 10 ; — rue de Monceau, 15 ; — rue Oberkampf, 142 ; — rue Réaumur, 85 ; — rue Jean-Cottin, 7 ; — rue de la Ville-l'Evêque, 14 ; — rue d'Angoulême, 81 ; — rue Singer, 8.

Maison de famille de l'Œuvre de Notre-Dame-de-Bon-Secours, cité Voltaire, 4.

Maison de famille, rue Laromiguière, 10.

Maisons de famille pour jeunes filles occupées dans la soirée, rue Boissy-d'Anglas, 21.

Maison de famille de l'Association des demoiselles du commerce, rue de Vaugirard, 106 et à Vanves ; — du Syndicat de l'aiguille, cité du Retiro, 19 et rue d'Angoulême, 93 ; — de l'Union internationale des Amies de la jeune fille, rue Denfert-Rochereau, 47 et rue des Jeûneurs, 5 ; — de l'Institution des Diaconesses, rue de Reuilly, 95.

Œuvre familiale des ouvrières, rue d'Hauteville, 23.

Œuvre des Cercles catholiques d'ouvriers.

Cercle catholique des étudiants de Paris, rue du Luxembourg, 18.

Alliance des Unions chrétiennes des jeunes gens de France, rue de Trévise, 14. — 13 sections.

Cercle des maçons et tailleurs de pierre, rue des Chantiers, 7.

Union parisienne des institutions féminines chrétiennes, rue du Parc-Royal, 12, Cercle Amicilia ; — Œuvre en faveur des demoiselles de magasin.

Union internationale des Amies de la jeune fille, même adresse.

Œuvre internationale catholique de protection de la jeune fille, rue des Bauches, 4.

Restaurant de l'Œuvre de la Fraternité commerciale, rue des Petits-Carreaux, 14.

Restaurants de l'Union chrétienne des ateliers de femmes : rue de Richelieu, 47 ; place du Marché-Saint-Honoré, 27.

Restaurant d'ouvrières, rue du Bac, 21.

Maison ouvrière protestante, rue Titon. 22.

Le Foyer de l'ouvrière, rue d'Aboukir, 60.

Restaurant de tempérance, rue Saint-Bernard, 43.
Atelier Sainte-Agnès, à Thiais.

ŒUVRES DE MARIAGE

Société charitable de Saint-François-Régis, rue Servandoni, 20.
Comité des mariages de la Société de Saint-Vincent-de-Paul, 16 à Paris, 7 dans la banlieue.
Œuvre de mariages indigents, rue de Vanves, 178.
Œuvre évangélique des papiers de mariage, rue du Caire, 26.
Société du mariage civil de Paris et du département de la Seine, Mairie du XI° arrondissement.
Société d'assistance aux fiancés indigents israélites, rue Richer, 50.

ŒUVRES DE RELEVEMENT

Refuge du Bon-Pasteur, rue Denfert-Rochereau, 71.
Refuge de Notre-Dame-de-Charité (dit de Saint-Michel), rue Saint-Jacques, 193.
Refuge Sainte-Anne, à Châtillon-sous-Bagneux, rue de Paris, 17.
Refuge protestant, rue du Sergent-Bauchat, 20.
Œuvre de Notre-Dame-du-Bon-Conseil, à Clichy, boulevard de Lorraine.

PATRONAGES DE LIBERES

Union des Sociétés de patronage de France, place Dauphine, 14.
Société générale pour le patronage des libérés, rue de l'Université, 174.
Société de patronage pour les prisonniers libérés protestants, rue Clavel, 26.
Société centrale de patronage pour les libérés, rue Labie, 3.
Société de patronage des jeunes adultes détenus dans les prisons du département de la Seine, rue Saint-Maur, 1.
Œuvre du patronage des prévenus acquittés de la Seine, Asile, rue Broca, 136.
Société de patronage des détenus, des libérés et des pupilles de l'administration pénitentiaire, boulevard de Vaugirard, 4.
Œuvre des libérées de Saint-Lazare, place Dauphine, 14.
Asiles à Billancourt, rue du Vieux-Pont-de-Sèvres, 143.

Œuvre protestante des prisons de femmes, rue de Lisbonne, 49. Atelier-asile, boulevard de Vaugirard, 4.
Société de patronage des détenues et libérées. Maison à Levallois-Perret, rue Martinval, 5.

HOPITAUX PUBLICS

Hôtel-Dieu, place du Parvis Notre-Dame ; — **Hôpital de la Pitié**, rue Lacépède, 1 ; — **Hôpital de la Charité**, rue Jacob, 47; **Hôpital Saint-Antoine**, rue du Faubourg-Saint-Antoine, 184 ; **Hôpital Necker**, rue de Sèvres, 151 ; — **Hôpital Cochin**, rue du Faubourg-Saint-Jacques, 47; **Hôpital Lariboisière**, rue Ambroise-Paré, 2; — **Hôpital Baujon**, rue du Faubourg-Saint-Honoré, 208 ; — **Hôpital Tenon**, rue de la Chine, 4 ; **Hôpital Andral**, rue des Tournelles, 35 ; — **Hôpital Laënnec**, rue de Sèvres, 42 ; — **Hôpital Broussais**, rue Didot, 96 ; — **Hôpital Bichat**, boulevard Ney, 160 ; — **Hôpital Hérold**, place du Danube ; — **Hôpital temporaire**, porte d'Aubervilliers ; — **Hôpital Saint-Louis**, rue Bichat, 40 ; — **Hôpital Ricord**, boulevard de Port-Royal, 111 ; — **Hôpital Broca**, rue Broca, 111 ; — **Hôpital Boucicaut**, rue de la Convention ; — **Hôpital de Charenton**, à Saint-Maurice ; — **Hôpital intercommunal de Fontenay-sous-Bois** ; — **Hôpital intercommunal de Pantin**; — **Hôpital d'Angicourt** (Oise) pour les tuberculeux.

HOPITAUX PRIVES

Hôpital Saint-Joseph, rue Pierre-Larousse, 1.
Hôpital de Notre-Dame-du-Perpétuel-Secours, à Levallois-Perret, rue de Villiers, 80.
Hôpital de Notre-Dame-de-Bons-Secours, rue des Plantes, 66.
Hôpital homœopathique Saint-Jacques, rue des Volontaires, 37.
Petit Hôpital Saint-Michel, rue Dombasle, 30.
Hôpital Saint-François, boulevard Saint-Marcel, 36.
Hôpital Péan, rue de la Santé, 11.
Hôpital Rothschild, rue Picpus, 75.
Hôpital de l'Institution des Diaconesses, rue de Reuilly, 95.
Infirmerie des Diaconesses de paroisse, rue Bridaine, 7.
Fondation Jules Goulin, à Clichy, rue des Bournaires.
Hôpital de l'Association des Dames françaises, rue Michel-Ange, 93.
Hôpital homœopathique Hahnemann, à Neuilly, rue de Chézy, 45.
Maison Sainte-Emilie, à Clamart, avenue Schneider.
Fondation Sainte-Marguerite, à Sceaux.

CONSULTATIONS GRATUITES, DISPENSAIRES, CLINIQUES DE TUBERCULEUX

Consultations quotidiennes des Hôpitaux publics.

Consultations quotidiennes des Dispensaires de l'Assistance publique.

Dispensaires de la Société philanthropique. — Trente Dispensaires : rue des Bons-Enfants, 21 ; — rue de la Lune, 12 ; — rue Montgolfier, 22 ; — rue des Guillemites, 10 ; — rue Poulletier, 7 ; — rue Saint-Jacques, 235 ; — rue du Cherche-Midi, 120 ; — rue Saint-Dominique, 105 ; rue des Écuries-d'Artois, 5 ; — rue Saint-Lazare, 32 ; — rue Ambroise-Paré, 12 bis ; — rue du Canal-Saint-Martin, 10 ; — rue Oberkampf, 142 ; — rue Faidherbe ; — rue Ruty, 3 ; — rue Jean-Marie-Jego, 4 ; — rue Vercingétorix, 59 ; — avenue du Maine, 201 ; — rue Lecourbe, 223 ; — rue Boileau, 80 ; — rue Truffaut, 77 ; — impasse Massonet ; — rue Stephenson, 48 ; — rue Caulaincourt, 39 ; — rue Jean-Cottin, 5 ; — rue de Crimée, 166 ; — rue de la Mare, 73 ; — rue de Fontarabie, 29.

Dispensaire de la Mutualité maternelle, rue d'Aboukir, 6.

Dispensaires paroissiaux : rue du Cloître-Saint-Merri, 8 ; — rue des Bernardins, 15 ; — rue de la Glacière, 41 ; — à Colombes ; — à Levallois-Perret ; — à Vincennes.

Dispensaires de l'Hôpital Saint-François ; — de l'Hôpital Rothschild ; — de l'Hôpital Péan ; — de l'Hôpital Saint-Joseph ; — de l'Hôpital Notre-Dame-du-Bon-Secours ; — du Petit Hôpital Saint-Michel ; — de l'Hôpital des Dames Françaises ; — de la Fondation Gouin ; — de l'Hôpital du Perpétuel-Secours.

Polyclinique de Paris, rue Antoine-Dubois, 4.

Dispensaire des Sœurs de Saint-Thomas-de-Villeneuve, rue de Sèvres.

Association des Sœurs de Jeanne-d'Arc. Deux cliniques : rue de Grenelle, 154 ; avenue du Maine, 124.

Dispensaire dentaire, rue Turgot, 4.

Polyclinique Rothschild, rue Picpus, 76 bis.

Polyclinique, rue de la Santé.

Institut Pasteur, rue Dutot, 23.

Dispensaire de l'Œuvre Jeanne-d'Arc, impasse Reille, 9.

Clinique otologique, à l'Institution nationale des Sourds-Muets, rue Saint-Jacques, 254.

Dispensaire protestant, rue des Fourneaux, 74.

Dispensaire de l'Assistance catholique, passage Dechambre, 6.

Clinique homœopathique, rue Biot, 2.

Dispensaire des Diaconnesses de paroisse, rue Bridaine, 7.

Dispensaire de l'Œuvre du pain des pauvres, rue Nollet, 60.

Dispensaire de l'Œuvre des pauvres du Sacré-Cœur, rue Lamarck, 31.

Dispensaire du XVIIIᵉ arrondissement, 5, rue Joseph-Dijon.

Fondation Isaac Pereire, à Levallois-Perret, rue Gide, 107.
Dispensaire de Boulogne-sur-Seine, rue Saint-Denis.
Œuvre du traitement quotidien et gratuit des tuberculeux pauvres, rue de la Banque, 5. Clinique : rue de la Banque, 5 ; — rue du Cardinal-Lemoine, 59 ; — rue de Sèvres, 31 ; — avenue de Clichy, 46.
Clinique Notre-Dame-des-Champs, boulevard du Montparnasse, 81.
Clinique de Tuberculeux, rue du Général-Foy, 26.
Œuvre des Tuberculeux adultes, sous le patronage de Notre-Dame-de-l'Espérance, rue Joubert, 23.
Œuvre de Notre-Dame-de-Compassion, clinique, rue Haxo, 122.
Clinique gratuite de Tuberculeux, rue Hermel, 26.
Clinique gratuite de Puteaux.

ASSISTANCE DES MALADES A DOMICILE. — VISITE DES MALADES DANS LES HOPITAUX

Œuvre des pauvres malades, rue de Sèvres, 95.
Œuvre des pauvres malades dans les faubourgs.
Œuvre Sainte-Elisabeth, (assistance à domicile des tuberculeux adultes), rue Croix-Nivert, 254.
Œuvre de la visite des malades dans les hôpitaux, rue Notre-Dame-des-Champs, 39.
Œuvre de la visite des malades protestants dans les hôpitaux de Paris.
Œuvre de la visite des Enfants et des apprentis malades dans les hôpitaux.
Comité de patronage des hôpitaux de Paris.
Caisse de Secours de l'Hôpital Broca.
Œuvre des jeunes malades adultes, rue Saint-Georges, 17.
Œuvre des malades et des jeunes enfants pauvres, de Levallois-Perret, rue de Rivoli, 158.
Œuvre des gardes-malades et de soins particuliers à domicile, 5, rue Joseph-Dijon.

SOIN ET GARDE DES MALADES A DOMICILE

Sœurs Servantes des pauvres. Trois Maisons : rue du Faubourg-Saint-Martin, 122 ; rue du Pot-de-Fer-Saint-Marcel, 10 ; — et à Joinville-le-Pont.
Petites Sœurs de l'Assomption, gardes-malades des pauvres. Dix maisons : rue Violet, 57 ; — rue Pasteur, 10 ; — avenue Beaucourt, 9 ; — rue Nollet, 39 ; — rue Championnet, 172 ; — rue des Fêtes, 6 ; — à Levallois-Perret, rue du Bois, 163 ; — à Issy, rue des Moulineaux, 10 ; — à Puteaux, route de Saint-Germain, 117 ; — à Thiais, avenue de Paris, 8.
Religieuses Auxiliatrices du Purgatoire. Deux maisons : rue de la Barouillère, 16 ; — rue Antoinette, 9.
Sœurs Franciscaines, gardes-malades des pauvres. Six mai-

sons : rue de la Roquette, 41 ; — rue de Condé, 12 ; — rue Dombasle, 31 ; — à Neuilly, passage d'Orléans, 3 ; — à La Plaine Saint-Denis, avenue de Paris, 88 ; — à Issy, rue de la Barre, 3.

Sœurs de Saint-Charles, rue Charlot, 12.

Sœurs du Bon-Secours (de Troyes). Huit maisons : rue Charles V, 12 ; — rue au Cloître-Saint-Merri, 18 ; — rue Jacob, 52 ; — rue Madame, 57 ; — rue de Babylone, 33 ; — rue du Rocher, 48 ; — rue de l'Annonciation, 2 ; — à Colombes, rue Bonin, 7.

Sœurs du Bon-Secours (de Paris), rue Notre-Dame-des-Champs, 20.

Sœurs des Saints Noms-de-Jésus et de Marie, rue Vercingétorix, 43 ; — rue de Vanves, 180.

Sœurs Auxiliatrices de l'Immaculée Conception. Quatre maisons : rue de la Fontaine, 78 ; — rue aux Ours, 23 ; — rue de Flandre, 121 ; — à Boulogne, rue des Tilleuls, 59.

Sœurs du Très-Saint-Sauveur de Niederbronn. Cinq maisons : rue Bizet, 23 ; — rue des Pyrénées, 48 ; — rue du Retrait, 9 ; — au Perreux, rue des Vignes ; — à Fontenay-sous-Bois, rue du Chatelet.

Sœurs Franciscaines du Sacré-Cœur, rue Servandoni, 7 ; — à Saint-Mandé ; — à Charenton.

Sœurs de l'Espérance, rue de Clichy, 34 ; — rue du Faubourg-Saint-Honoré, 106.

Sœurs de Sainte-Marie de la Famille. Quatre maisons : boulevard Arago, 55 ; — rue Bridaine, 3 ; — rue Blomet, 136 ; — rue de l'Abbé-Groult.

Sœurs de la Providence (de Portieux), rue des Haies ; — à Bonneuil ; — à Courbevoie.

Sœurs servantes du Sacré-Cœur-de-Jésus, rue Guersant, 18.

Sœurs gardes-malades de l'Enfant-Jésus, à Billancourt, rue du Vieux-Pont-de-Sèvres, 228.

Sœurs Oblates gardes-malades, rue de Sèvres, 157.

Diaconnesses de paroisse, rue Bridaine, 7.

Sœurs de la Miséricorde (de Sécz), rue Ballu, 17.

Pères de Saint-Camille, rue Ordener, 3.

Ecoles supérieures de gardes-malades, rue de la Santé, 11 ; — rue Antoine-Dubois, 4 ; — rue Rochechouart.

Institut français des infirmières à domicile, rue Garancière, 8.

SECOURS AUX BLESSÉS ET AUX NOYÉS

Secours aux noyés, asphyxiés et blessés. Service de la Préfecture de police, 16 pavillons de secours.

Ambulances municipales urbaines. Quatre stations.

Œuvre de l'Assistance aux mutilés pauvres, place de la Madeleine, 3.

Société des Secouristes français, rue Honoré-Chevalier, 11.
Société des Sauveteurs médaillés de la Seine, rue Monsieur-le-Prince, 60.
Société nationale de Sauvetage, rue du Faubourg-Saint-Denis, 148.
Société française de Sauvetage, rue Monsieur-le-Prince, 60.
Société parisienne de Sauvetage, avenue Henri-Martin, 71.
Chambre de secours aux blessés, à la mairie de Courbevoie
Maison de convalescence de Notre-Dame-des-Blancs-Manteaux, à Montreuil-sous-Bois, rue Victor-Hugo, 74.

ASILES ET SECOURS DE CONVALESCENCE

Asile national de Vincennes, à Saint-Maurice,
Asile national du Vésinet.
Asile du Sacré-Cœur-de-Marie, rue Notre-Dame-des-Champs, 39.
Maison protestante de convalescence, rue de Longchamp, 127.
Maison de convalescence de Notre-Dame-du-Perpétuel-Secours, à Issy, rue Minard, 4.
Maison de convalescence de La Prospérité, avenue Ledru-Rollin, 72 bis.
Retraite Sainte-Geneviève, à l'Hay, rue Bronzac, 6.
Maison de convalescence du Tremblay.
Maison de convalescence de l'Œuvre des Jeunes-Ouvrières, à Drancy, rue Sadi-Carnot, 11.
Asile de convalescence de Mary-sur-Marne.
Fondation Montyon.
Œuvre André-Gustave de Rothschild pour les convalescents, rue Saint-Georges, 17.

MAISONS DE SANTE, MAISONS DE RETRAITE

Maison municipale de santé, rue du Faubourg-Saint-Denis, 200.
Maison de santé des Religieux hospitaliers de Saint-Jean-de-Dieu, rue Oudinot, 19.
Cité des Fleurs, à Neuilly, boulevard Bineau, 57.
Maison des Dames Augustines (de Meaux), rue Oudinot, 16.
Maison des Sœurs du Très-Saint-Sauveur (de Niederbronn), rue Bizet, 23.
Maison des Sœurs Augustines-du-Sacré-Cœur-de-Marie, rue de la Santé, 29.
Maison des Sœurs Oblates gardes-malades, rue de Sèvres, 157.
Maison des Sœurs Servantes de Marie, rue Duguay-Trouin, 7.
Maison des Religieuses du Saint-Sacrement, rue du Rocher, 76.

Maison du Roule, avenue Hoche, 29.

Maison de l'Institution des Diaconesses, rue de Reuilly, 95.

Maison des Sœurs de Sainte-Marie de la Famille, rue Blomet, 136.

Maison de Santé Esquirol, à Ivry.

Maison de Santé d'Arcueil, route d'Orléans, 11.

Maison de santé de Saint-Mandé, chaussée de l'Etang, 68.

Maison des Sœurs de Notre-Dame-du-Calvaire, à Bourg-la-Reine, Grande-Rue, 53.

Maisons des Sœurs de Saint-Vincent-de-Paul, à Clichy, rue Martre, 84 ; — et à Gentilly, rue Frileuse, 2.

Maison des Religieuses Ursulines, à Thiais.

Maison de retraite Decaen, à Montrouge, Grande-Rue, 51.

Maison de retraite et de Santé du Grand-Montrouge, Grande-Rue, 53.

Asile Saint-Joseph, à Clamart, rue Faureau, 3.

Villa Louise, à Cannes.

Œuvre mutuelle des Maisons familiales de repos pour le personnel de l'enseignement féminin.

INCURABLES

Hospice d'Ivry, rue du Clos de l'Hôpital.

Maison de retraite La Rochefoucauld, avenue d'Orléans, 15.

Hospice de Bicêtre, à Gentilly, rue du Kremlin.

Hospice de la Salpétrière, boulevard de l'Hôpital, 47.

Asile-national Vacassy, à Saint-Maurice.

Atelier d'infirmes, à Montreuil-sous-Bois, rue Armand Carrel, 50.

Œuvre des Dames du Calvaire, rue Lourmel, 55.

Asile protestant de Nanterre, rue Saint-Denis, 5.

Hôpital Rothschild, rue Picpus, 75.

Asile Lambrechts, à Courbevoie.

Secours des Bureaux de bienfaisance.

AVEUGLES

Hospice national des Quinze-Vingts, rue de Charenton, 28.

Société d'assistance pour les Aveugles, même adresse.

Clinique nationale des Quinze-Vingts, rue Moreau, 3.

Société de placement et de secours en faveur des Aveugles sortis de l'Institution nationale, boulevard des Invalides, 56.

Caisse de secours, de l'Institution des Jeunes-Aveugles, même adresse.

Association Valentin Haüy, pour le bien des Aveugles, avenue de Breteuil, 31.

Maison des Sœurs aveugles de Saint-Paul, rue Denfert-Rochereau, 88.

Atelier d'Aveugles, à Argenteuil, rue de Saint-Germain, 78.
Atelier de l'Ecole Braille, rue Mougenot, 7.
Société des Ateliers d'Aveugles, rue Jacquier, 1.
Œuvre de l'Assistance aux Aveugles par le travail, rue Saint-
  Sauveur, 62.
Œuvre des Organistes du Sacré-Cœur; — Œuvre du travail
  à domicile pour les femmes aveugles ; — Caisse de loyers
Société d'appui fraternel des Sourds-Muets de France, mairie
  pour les Aveugles ; — Cercle Valentin Haüy ; — Consul-
  tations gratuites pour aveugles, avenue de Breteuil, 31.

SOURDS-MUETS

Société centrale d'éducation et d'assistance pour les Sourds-
  Muets, rue de Furstemberg, 3.
  du IXᵉ arrondissement.
Imprimerie d'ouvriers sourds-muets, rue d'Alésia, 111 ter.

ALIENES

Placements volontaires dans les Asiles publics.
Maison nationale de Charenton, à Saint-Maurice.
Hospice de Bicêtre, à Gentilly, rue du Kremlin.
Hospice de la Salpêtrière, boulevard de l'Hôpital, 47.
Asile Clinique, rue Cabanis, 1.
Asile de Ville-Evrard, à Neuilly-sur-Marne.
Asile de Vaucluse, à Epinay-sur-Orge.
Asile de Villejuif.
Colonies familiales de Dun-sur-Auron (Cher) ; — d'Ainay-le-
  Château (Allier).
Asiles publics recevant les aliénés épileptiques.
Asiles privés : rue de Picpus, 8 ; — place Daumesnil, 15 ; —
  rue de Charonne, 161 ; — rue Berton, 17 ; — à Ivry, rue
  de la Mairie, 23 ; — à Vanves, rue Fabert, 2 ; — à Sceaux,
  rue de Penthièvre ; — à Neuilly, avenue de Madrid, 16 ;
  — à Suresnes, quai de Suresnes, 23 ; — à Saint-Mandé,
  Grande-Rue de la République, 104 et 106 ; — Epinay-sur-
  Seine, avenue de Paris, 8.
Œuvre de Patronage et Asile pour les aliénés indigents qui
  sortent convalescents des asiles du département de la
  Seine, rue du Théâtre, 52.
Société de Patronage des aliénés guéris.

INSTITUTIONS ET ŒUVRES EN FAVEUR DES
MILITAIRES ET MARINS

Maison de la Légion d'honneur, à Saint-Denis. Succursales
  aux Loges et à Ecouen.

Pupilles de la Marine, Ministère de la Marine.
Orphelinat de la Boissière (Seine-et-Oise), pour les orphelins de militaires.
Œuvre de l'adoption des Orphelins de la Mer, rue Bayard, 5.
Hôpital militaire du Val-de-Grâce.
Hôtel des Invalides, place des Invalides.
Caisse des Invalides de la Marine.
Œuvre des pensions militaires, rue Montaigne, 11 bis.
Société centrale de Sauvetage des Naufragés, rue de Bourgogne, 1.
Société de Secours aux familles de marins français naufragés, rue de Richelieu, 87.
Société de secours pour les veuves et les orphelins des officiers du Génie, rue Saint-Dominique, 8.
Société de Prévoyance pour les veuves et les orphelins d'adjoints du Génie, même adresse.
Caisse du Gendarme.
Caisse des veuves et des orphelins des Anciens Militaires des Armées de terre et de mer, à la mairie du VIIe arrondissement.
Société des Œuvres de Mer, rue Bayard, 5.
La Maison du Soldat, rue d'Hauteville, 51.
Société française de secours aux Blessés militaires des Armées de terre et de mer, rue Matignon, 19.
Association des Dames Françaises, rue Gaillon, 10.
Union des Femmes de France, rue de la Chaussée-d'Antin, 20.
Société de secours aux militaires coloniaux, rue de Richelieu, 65. — Maison de convalescence à Sèvres, rue Troyon, 26.
Société des anciens militaires blessés, rue Saint-Merri, 22.
L'Africaine, rue de Marseille, 4.
Le Sou du Soldat, rue de Provence, 59.
La Flotte, rue de Beaujolais, 20.
Les Vétérans des armées de terre et de mer, rue Feydeau, 24.

ŒUVRES EN FAVEUR DES ALSACIENS-LORRAINS

Société de protection des Alsaciens-Lorrains demeurés Français, rue de Provence, 9.
Association d'Alsace-Lorraine, rue du Château-d'Eau, 55.
Société de réintégration des Alsaciens-Lorrains, boulevard Bonne-Nouvelle, 10.
Mission Saint-Joseph, rue Lafayette, 214.
Maison de Notre-Dame-de-Grâce, rue de Lourmel, 29.
Fondation des Frères A. et C. Birkle.
Œuvre catholique des Alsaciens-Lorrains, rue Fondary, 6.

SOCIÉTÉS D'ASSISTANCE ENTRE PERSONNES D'UNE MÊME PROVINCE, HABITANT PARIS

Société philanthropique Savoisienne, rue Meslay, 17.
La Bretagne, rue de Vaugirard, 99.
L'Union Aveyronnaise, rue Lamark, 28. — Succursale, rue Vercingétorix, 185.
Autres Sociétés : La Guyenne, boulevard Saint-Germain, 175; — Union Bourbonnaise, rue de Cléry, 54 ; — Société de secours de l'Ardèche ; — Cercle philanthropique républicain de l'Aube ; — Association amicale du Calvados, avenue de Breteuil, 54 ; — Union des Deux-Charentes, boulevard Voltaire, 7 ; — Association Corrézienne ; — Le Maçon de la Creuse ; — Société amicale des Périgourdains ; — Les Francs-Comtois à Paris ; — Association Toulousaine, boulevard Montmartre, 1 ; — Société amicale des Parisiens de l'Hérault ; — Société amicale des Enfants de l'Isère ; — La Jurassienne ; — Association Landaise ; — Société amicale des Foréziens ; — Société républicaine d'appui mutuel du Lot ; — Association Lozérienne ; — Société amicale de la Marne ; — Société philanthropique de la Haute-Marne ; — Alliance septentrionale, avenue Bosquet, 20 ; — Association amicale Béarnaise et Basquaise ; — Société amicale des Hautes-Pyrénées ; — Société amicale de Loir-et-Cher ; — Le Sartau ; — Union fraternelle des Vendéens ; — Association Vosgienne de Paris, etc.

ŒUVRES D'ASSISTANCE EN FAVEUR D'ÉTRANGERS HABITANT PARIS

Orphelinat Américain, à Neuilly, boulevard Bineau, 35.
École libre Franco-Américaine.
Catolic-Home, avenue Malakoff, 8, Villa du Redan.
Mission-Home, avenue de Wagram, 77.
Lafayette-Home, rue de La Pompe, 187.
English Catolic-Home, rue de l'Arc-de-Triomphe, 13.
Mission de Belleville, rue Clavel, 3.
Société Anglaise de Saint-Vincent de Paul, avenue Hoche, 50.
Séminaire des Irlandais, rue des Irlandais, 3.
Bureau de bienfaisance Anglais, avenue de Wagram, 38.
Hôpital Hertford, à Levallois-Perret, rue de Villiers, 62.
Asile Victoria, à Neuilly, rue Borghèse, 22.
Société de bienfaisance Américaine, rue du Faubourg-Saint-Honoré, 233 bis.
Société Néerlandaise de bienfaisance, rue de l'Oratoire, 4.
Société de bienfaisance Austro-Hongroise, Villa Saint-Michel, avenue de Saint-Ouen, 14.
Société de bienfaisance amicale Hongroise.

Société de bienfaisance Italienne, boulevard de Courcelles, 92.
La Lyre italienne, rue de la Banque, 5.
Œuvre de Notre-Dame du Saint-Rosaire, en faveur des Italiens indigents, rue de Vaugirard, 149 ; — rue de Crimée, 160 ; — rue de Reuilly, 77 ; — rue de Buffon, 69 ; — rue Guersant, 35.
Société Russe de bienfaisance, rue Malar, 14.
Œuvre de Saint-Casimir, rue du Chevaleret, 110.
Asile de vieillards Saint-Casimir, à Ivry.
Institution de l'Hôtel Lambert, rue St-Louis-en-l'Ile, 2.
Société des imposés volontaires, même adresse.
Société de bienfaisance des Dames Polonaises, rue Saint-Honoré, 262 bis.
La Wallonne, rue Boissy-d'Anglas, 22.
Œuvre des Flamands, rue de Charonne, 181.
L'Union Belge, rue du Faubourg-Saint-Denis, 80.
Home Suisse, rue Descombes, 25.
Société Helvétique de bienfaisance, rue Hérold, 10.
Société Suisse de secours mutuels, rue des Petites-Ecuries, 8.
Société Suisse des Commerçants, rue des Petites-Ecuries, 50.
Asile Suisse de Paris, avenue de Saint-Mandé, 25.
Fondation Allemandi.
Société de bienfaisance Allemande, rue de Bondy, 86.
Home Allemand, rue Rollet, 110.
Asile de jeunes filles Allemandes, rue Fondary, 5.
Société Scandinave, rue Saint-Honoré, 90.
Maison San-Fernando, à Neuilly, boulevard Bineau, 69.
Dispensaire Al. Mavrocordato, rue Bizet, 9.

III

VIEILLESSE

ASILES POUR VIEILLARDS

Asile national de La Providence, rue des Martyrs, 77.
Hospice Leprince, rue Saint-Dominique, 109.
Maison des Veuves, rue de Belzunce, 24.
Hospice de la Salpêtrière, boulevard de l'Hôpital, 47.
Maison de retraite La Rochefoucauld, avenue d'Orléans, 15.
Hospice Tisserand, rue d'Alésia, 134.
Asile Chardon-Lagache, place d'Auteuil, 1.

Institution de Sainte-Périne, rue du Point-du-Jour, 69.
Maison de retraite Rossini, rue Mirabeau, 5.
Maison de la Providence, rue Lemercier, 19.
Hospice Debrousse, rue de Bagnolet, 148.
Hospice de Belleville, rue Pelleport, 180.
Hospice Devillas, à Issy, Grande-Rue, 48.
Maison de retraite des Ménages, à Issy.
Hospice de Bicêtre, à Gentilly, rue du Kremlin.
Hospice Dheur, à Ivry, rue du Clos-de-l'Hospice.
Maison de retraite Galignani, à Neuilly, boulevard Bineau, 55.
Hospice Saint-Michel, à Saint-Mandé.
Hospice Lenoir-Jousseran, à Saint-Mandé, avenue du Bel-Air.
Hospice de Limeil-Brevannes (Se...e-et-Oise).
Hospice de la Reconnaissance (Hospice Brezin) à Garches (Seine-et-Oise). — Annexes : Fondation Ernest Gouin ; — Fondation Lemaire.
Maison de retraite de la Seine, à Villers-Cotterets (Aisne).
Hospice intercommunal Favier, à Bry-sur-Marne (Seine-et-Marne).
Asile municipal de vieillards, à Boulogne, rue des Abondances, 52.
Asile municipal de Neuilly, rue Soyer, 5.
Asile municipal de Levallois-Perret, rue Gide, 3.
Asile municipal de Saint-Ouen, rue des Abouts.
Hospice Guittard, à Champigny.
Asile municipal Lasserre, à Issy.
Asile municipal de Fontenay-aux-Roses (Fondation Boucicaut).
Hospice intercommunal de Montrouge (Fondation Verdier).
Maisons des Petites-Sœurs des pauvres. Huit Maisons : Rue Saint-Jacques, 177 ; — avenue de Breteuil, 62 ; — rue Picpus, 73 ; — rue Notre-Dame-des-Champs, 45 ; — rue Philippe-de-Girard, 13 ; — rue Varize (Fondation Schillizzi) ; — à Levallois-Perret, rue Gide, 45 ; — à Saint-Denis, l'Ermitage.
Asiles de vieillards des Sœurs de Saint-Vincent de Paul : rue de l'Epée-de-Bois, 5 ; — rue Saint-Benoît, 18 ; — rue Perronnet, 0 ; — rue du Général-Foy, 20 ; — rue Vaudrezanne, 22 ; — rue Jenner, 33 ; — rue de la Glacière, 35 ; — rue Raynouard, 60 ; — rue Bouret, 20 ; — à Clichy, rue Martre, 84 ; — à Puteaux, rue de Paris, 91 ; — à Stains, rue Carnot, 68 ; — à Arcueil-Cachan, rue des Tournelles, 5 ; — à Champigny, Grande-Rue, 102 ; — à Charenton, rue de Bordeaux ; — à Châtillon-sous-Bagneux, rue de Fontenay, 5 ; — à Gentilly, rue Frileuse, 2 ; — à l'Hay, rue Bronzac, 6.
Maison de la Sainte-Famille, avenue Beaucourt, 3.
Maisons des Sœurs de Ste-Marie, rue Saint-Maur, 64.
Asile protestant de La Muette, rue du Sergent-Bauchat.
Maison de retraite de l'Hôpital Rothschild, rue Picpus, 75.

Maison de retraite israélite pour femmes, boulevard Picpus, 40.

Hospice d'Enghien, rue Picpus, 12.

Infirmerie Marie-Thérèse (pour ecclésiastiques âgés), rue Denfert-Rochereau, 92.

Asile Notre-Dame de Bon-Secours, rue des Plantes, 66.

Asile Anselme-Payen, rue Violet, 77.

Asile de Notre-Dame-de-Bon-Repos, rue Blomet, 128.

Asile Saint-Joseph, avenue Victor-Hugo, 107.

Asile François-Delessert, rue Le Kain, 5.

Maison de retraite St-Vincent de Paul, rue Salneuve, 10.

Asile de la Société Philanthropique, rue de Crimée, 166.

Asile Aulagnier, à Asnières, quai d'Asnières, 230.

Asile Marie-Joseph, à Asnières, rue de Châteaudun.

Asile Lambrechts, à Courbevoie, rue de Colombes, 46.

Asile du Chayla, à Bécon-les-Bruyères, rue du Chayla, 12.

Hospice Greffulhe, à Levallois-Perret, rue de Villiers, 82.

Maison de retraite Sainte-Anne, à Neuilly, avenue du Roule, 68.

Asile de vieillards (Fondation Meissonnier), à Saint-Denis, boulevard Ornano, 50.

Maison Notre-Dame, à Aulnay-lès-Bondy.

Asile Sainte-Marthe, à Bobigny, rue du Parc.

Maison Sainte-Emilie, à Clamart.

Hospice Ferrari, à Clamart, place Ferrari.

Maison de retraite des Frères des Ecoles chrétiennes (Fondation Galliera), à Clamart.

Villa Saint-Augustin, à Malakoff, rue Gambetta, 78.

Maison de retraite, à Malakoff, villa d'Arcueil, pavillon n°3.

Maison de retraite de Montrouge, Grande-Rue, 53.

Hospice Saint-Antoine-de-Padoue, à Noisy-le-Sec, rue Tripier prolongée.

Asile de vieillards, à Vanves.

Villa Saint-Augustin, à Vanves.

Maison de retraite Saint-Vincent de Paul, aux Andelys (Eure).

SECOURS SPECIAUX POUR VIEILLARDS

Secours représentatifs du séjour à l'Hospice.

Secours des Bureaux de bienfaisance.

Fondation Douaud, en faveur des garçons de recette de la ville de Paris, rue Saint-Georges, 26.

Fondation Rodriguez.

Œuvre des vieillards, rue de Rocroi, 6.

Caisse des invalides du travail du XIVe arrondissement, avenue d'Orléans, 11.

Œuvre des loyers pour les vieillards du XVIe arrondissement, à la Mairie.

Œuvres des vieillards, rue Bayen, 22.
Œuvres des loyers du XVIIIᵉ arrondissement à la Mairie.
Secours de vieillesse de l'Association protestante de bienfaisance, place Malesherbes, 15.
Denier des veuves et des vieillards, rue Grange-Batelière, 14.
Association consolatrice du Sacré-Cœur, rue Lamarck, 93.
Ouvroir de femmes âgées, rue Bolivar, 32.

IV

DIVERS

Direction générale de l'Assistance et de l'Hygiène publiques, au Ministère de l'Intérieur, rue Cambacérès, 7.
Administration de l'Assistance publique de Paris, avenue Victoria, 3.
Office central des Œuvres de Bienfaisance, boulevard Saint-Germain, 175.
Union d'Assistance du XVIᵉ arrondissement, à la mairie, avenue Henri Martin, 71.
L'Indicateur de la Bienfaisance, office de renseignements du Petit Journal, passage des Deux-Sœurs.
Secrétariat du Peuple, siège central, rue de Berlin, 11. Quinze secrétariats à Paris ; sept dans la banlieue.
Secrétariat des Familles, rue de Sèvres, 93.
Galeries de la Charité, rue Pierre Charron, 25.
Association Amicale et de Prévoyance de la Préfecture de Police, siège social, Caserne de la Cité.
Œuvre des Orphelins de la Préfecture de Police « Fondation Lépine », Caserne de la Cité.
Société d'hygiène de l'Enfance, 8, rue Saint-Antoine, Paris IVᵉ.

CONSEILS OU SOCIETES D'ETUDES DE PROPAGANDE D'ENCOURAGEMENT AU BIEN

La Revue de droit L'Avocat, 119, boulevard Voltaire, donne des consultations judiciaires gratuites aux indigents.
Livres d'or et Tableaux d'Honneur civils, mairie du 1ᵉʳ arrondissement.
Société internationale pour l'étude des questions d'assistance, place Dauphine, 14.

M. LÉPINE

PRÉFET DE POLICE

FONDATEUR DE L'OEUVRE DES ORPHELINS DE LA PRÉFECTURE
DE POLICE

Société générale d'Education et d'Enseignement, rue de Grenelle, 35.
Société générale des Prisons, place Dauphine, 14.
Comité de Défense des Enfants traduits en Justice, au Palais de Justice.
Office du Travail, au Ministère du Commerce, rue de Varennes, 78.
Conseil supérieur des Habitations à bon marché, au Ministère du Commerce, rue de Varennes, 78.
Commission supérieure des Caisses d'Epargne, au Ministère du Commerce, rue de Varennes, 78.
Société internationale des Etudes d'Economie sociale, rue de Seine, 54.
Société du Musée social, rue Las-Cases, 5.
Société des Institutions de Prévoyance de France, rue de Rennes, 44.
Ligue nationale de la Prévoyance et de la Mutualité, rue Bonaparte, 78.
Société française des Habitations à bon marché, rue de la Ville-l'Evêque, 15.
Comité central des Œuvres du Travail, place Dauphine, 14.
Société pour l'étude pratique de la participation du personnel dans les bénéfices, rue Bergère, 20.
Association pour le repos du Dimanche, rue de Grenelle, 35.
Ligue populaire pour le repos du Dimanche, rue de la Ville-l'Evêque, 15.
Société française pour l'observation du Dimanche, avenue de l'Alma, 14.
Société française de Tempérance.
Société française de Tempérance de la Croix-Bleue.
Association de la Jeunesse française tempérante, rue du Faubourg-Poissonnière, 115.
La Prospérité, société française contre l'usage de l'alcool, avenue Ledru-Rollin, 81.
Union française anti-alcoolique, rue Latran, 5.
Société contre l'usage des boissons spiritueuses, rue de Pontoise, 5.
Caisse des Victimes du Devoir, rue Lafayette, 61.
Union des Associations ouvrières catholiques, rue de Verneuil, 32.
Société de Saint-Jean, rue du Bac, 46.
Société d'Encouragment au Bien, rue Caumartin, 66.
Dictionnaire Biographique Illustré des Philanthropes, des Mutualistes et des Bienfaiteurs de l'Humanité, 119, boulevard Voltaire; Paris XI°.
Le Petit Dictionnaire des Œuvres de Solidarité sociale et de Bienfaisance, 119, boulevard Voltaire, Paris XI°.

M. Stéphen LIÉGEARD

ANCIEN DÉPUTÉ DE LA MOSELLE
CHEVALIER DE LA LÉGION D'HONNEUR

PRÉSIDENT DE LA SOCIÉTÉ NATIONALE D'ENCOURAGEMENT
AU BIEN

INDICATIONS UTILES

MALADES. — SERVICE MÉDICAL DE NUIT
A DOMICILE

Ce service a été organisé en 1875 par la préfecture de police, à l'aide d'une allocation accordée par le Conseil municipal.

Dans chaque quartier, les médecins sont invités à déclarer s'ils entendent se rendre aux réquisitions qui leur seront adressées la nuit. Les noms et les domiciles de ceux qui auront fait cette déclaration sont inscrits sur un tableau affiché dans le poste de police du quartier.

La personne qui a besoin de requérir un médecin se rend au poste de police et choisit sur le tableau le médecin dont elle désire réclamer les soins. Un gardien de la paix accompagne le requérant au domicile du médecin, suit celui-ci chez le malade et, la visite faite, le reconduit chez lui. Le médecin reçoit un bon d'honoraires de 10 francs, qui est payé par la préfecture de police, laquelle, après enquête, réclame au malade le remboursement des honoraires ou les prend définitivement à sa charge.

S'adresser aux postes de police de chaque quartier.

AMBULANCES URBAINES

Station principale à l'Hôpital Saint-Louis, rue Bichat, 40 (X° arr.)

Cette Œuvre a été créée en 1878, sur l'initiative de M. le docteur H. Nachtel, dans le but de donner les premiers secours aux malades ou blessés, civils ou militaires, tombés sur la voie publique ou dans les ateliers, usines ou établissements publics dépourvus de secours sur place.

Par dérogation, le § 3 de l'article 1er des statuts porte : « Chez les particuliers, le service des ambulances urbaines est limité au cas de chute par une fenêtre, tentative de meurtre ou de suicide, empoisonnement et aux divers cas dans lesquels l'état du malade ne permettra pas un autre mode de transport. Il sera accordé sur la réquisition du commissaire de police ou d'un autre fonctionnaire. »

Le premier service a été établi à l'hôpital Saint-Louis.

Lorsqu'un accident se produit, le blessé ou le malade est porté soit dans une pharmacie, soit dans un poste d'appel. L'hôpital est averti et envoie de suite une voiture d'ambulance accompagnée par l'interne de garde ; celui-ci donne les premiers soins, veille au transport et conduit le blessé ou le malade, soit à son domicile, soit à l'hôpital le plus voisin, où il le fait admettre d'urgence.

Dans des circonstances exceptionnelles et autant que ces transports ne peuvent nuire au bon fonctionnement du service, il est accordé des voitures d'ambulance aux personnes qui en font la demande.

Sauf ce dernier cas, le service est entièrement gratuit.

L'assemblée générale (décembre 1893), sur la proposition du fondateur et secrétaire-général, M. le docteur Nachtel, a décidé de faire remise complète de l'Œuvre à la Ville de Paris, à la condition de continuer cette Œuvre dont le nom sera maintenu, de créer deux postes nouveaux, l'un sur la rive droite de la Seine, l'autre sur la rive gauche, et de maintenir une séparation absolue entre le transport des contagieux (voir Ambulances municipales) et le service des Ambulances urbaines.

S'adresser, en cas d'accidents, aux postes de police ou au Préfet de la Seine.

VOITURES D'AMBULANCES POUR LE TRANSPORT DES MALADES

Deux stations :
Rue de Staël, 8 (XVe arrond.). — Rue de Chaligny, 21 (XIIe arrond.).

Les demandes de transport sont reçues par tous les établissements municipaux. C'est là où le public doit s'adresser, soit par téléphone, soit autrement.

Ce service est gratuit.

À la tête de chaque station est placé un chef surveillant, ayant sous ses ordres 7 voitures et un personnel suffisant d'infirmières des hôpitaux qui accompagnent les malades.

Les voitures qui ont servi au transport des malades atteints de maladies contagieuses sont désinfectées par des lavages spéciaux.

SECOURS AUX NOYÉS, ASPHYXIÉS ET BLESSÉS

Un grand nombre de boîtes fumigatoires, destinées à secourir les noyés, les asphyxiés, sont déposées sur les deux rives de la Seine, aux bains froids, sur divers bateaux à lessive et bateaux à vapeur, le long du canal et dans tous les cimetières.

Des brancards et des boîtes de pansement sont déposés dans des maisons voisines des carrefours et des places, dans les marchés et dans la plupart des corps de garde.

Un écriteau, placé en dehors, indique la présence de ces boîtes, et un tableau, suspendu dans le poste, indique l'adresse des médecins les plus voisins.

Des personnes munies des instructions nécessaires sont

toujours en mesure de donner les secours en attendant le médecin.

S'adresser au poste de police de chaque quartier.

ASSISTANCE JUDICIAIRE

L'admission à l'assistance judiciaire devant les tribunaux civils, les tribunaux de commerce et les juges de paix, est prononcée par un bureau spécial établi au chef-lieu judiciaire de chaque arrondissement et composé de cinq membres. Le bureau d'assistance, établi près d'une Cour d'appel, de la Cour de cassation et du Conseil d'Etat, se compose de sept membres.

Toute personne qui réclame l'assistance judiciaire adresse sa demande sur papier libre au Procureur de la République du tribunal de son domicile.

Elle doit fournir :

1° Un extrait du rôle de ses contributions, ou un certificat du percepteur de son domicile, constatant qu'elle n'est pas imposée ;

2° Une déclaration attestant qu'elle est, en raison de son indigence, dans l'impossibilité d'exercer ses droits en justice, et contenant l'énumération de ses moyens d'existence, quels qu'ils soient.

La demande, basée sur le défaut de ressources, doit contenir d'une façon aussi simple que possible l'exposé des faits du litige et doit être accompagnée des certificats d'usage.

L'assisté qui gagne son procès continue de bénéficier de l'assistance judiciaire si l'adversaire porte l'affaire en appel et même en cassation ; si, au contraire, il perd son procès et se pourvoit en cassation, il doit de nouveau demander l'assistance auprès du bureau de chacune de ces juridictions.

L'assisté est dispensé provisoirement du payement des sommes dues au Trésor pour droits de timbre, d'enregistrement et de greffe, ainsi que de toute consignation d'amende..., des sommes dues aux greffiers, aux officiers ministériels et aux avocats pour droits, émoluments et honoraires. Les actes de la procédure faits à la requête de l'assisté sont visés pour timbres et enregistrés au débet.

... Les actes et titres produits par l'assisté sont pareillement visés pour timbre... Les frais de transport des juges, des officiers ministériels et des experts, les honoraires de ces derniers et les taxes des témoins,... sont avancés par le Trésor.

Des défenseurs d'office sont donnés aux accusés devant les cours d'assises et les tribunaux correctionnels, aux prévenus détenus préventivement, lorsqu'ils en feront la demande, et que leur indigence sera constatée.

ŒUVRES DIVERSES

DU XI⁰ ARRONDISSEMENT

Crèche Floquet, 6, rue Saint-Maur.

Caisse des Ecoles du XI⁰ arrondissement, avec sa colonie de Mandres-sur-Vair.

Société Municipale de Secours Mutuels pour les adultes (comprenant aussi la mutualité scolaire), à la Mairie du XI⁰ arrondissement, place Voltaire.

Œuvre des loyers du XI⁰, boulevard Voltaire.

Orphelinat et Crèche St-Joseph, rue d'Angoulême, 81.

Œuvre des Flamands (Mariage d'indigents belges), rue de Charonne, 181.

Orphelinat Douchin, pour les enfants du XI⁰, rue de la Folie-Méricourt, 66.

Les Mille, Société d'appui fraternel en cas de décès; siège social, 110, boulevard Voltaire.

Maison des Rédemptionnistes (Facilite les mariages d'indigents), 55-57, boulevard Ménilmontant.

Maison des Franciscaines (Gardes-malades des pauvres), rue de la Roquette, 41 et boulevard de Belleville, 45.

Dispensaires : rue St-Bernard, 38; rue du Chemin-Vert, 70; rue Faidherbe, 86; rue Pasteur, 7.

Société française de Sauvetage (Section du XI⁰ arrondissement), siège social, boulevard Voltaire, 210.

Œuvre des soupes populaires, Impasse Delaunay.

La Maison du Pauvre (en formation), boulevard Voltaire, 119, renseigne sur les diverses œuvres de bienfaisance, rédige gratuitement les requêtes des malheureux et facilite leurs démarches.

COMMUNICATIONS

Pour faire assister une pauvre mère ayant un enfant en bas âge, vous avez le choix entre la Société de Charité maternelle (secrétaire Mme Estave-Raimbert), 3, rue de Marignan, la Société de l'allaitement maternel, (fondatrice Mme Becquet de Vienne), 45, rue de Sèvres, et la Société protectrice de l'enfance, 5, rue de Suresnes.

.

Pour les enfants en danger moral, adressez-vous à M. Rollet qui dirige le Patronage de l'Enfance et de l'Adolescence, 13, rue de l'Ancienne-Comédie.

.

Désirez-vous placer dans un établissement, jusqu'à sa majorité une fillette de 12 à 15 ans? Adressez-vous à l'Œuvre des enfants pauvres et des orphelins de Paris, 31, Quai Bourbon.

.

Si vous vous intéressez à un jeune homme de 18 à 19 ans, orphelin ou abandonné, qui soit disposé à contracter un engagement dans l'armée ou dans la marine, adressez-le à la Société de protection des engagés volontaires, présidée par M. Félix Voisin, 11 bis, rue de Milan.

.

Pour obtenir le placement jusqu'à sa majorité, d'une petite fille de 8 à 12 ans, orpheline de mère, vous pouvez vous adresser à l'Œuvre des enfants délaissés, rue Notre-Dame-des-Champs.

S'il s'agit d'un garçon du même âge, qui soit dans une situation très digne d'intérêt, recommandez-le à la Société des Amis de l'Enfance, 15, rue de Crillon.

.

Pour faire protéger un enfant d'origine alsacienne, adressez-vous à la Société de protection des Alsaciens-Lorrains (secrétaire M. Penot), 9, rue de Provence.

Pour les jeunes garçons orphelins, âgés de 13 à 15 ans, on a le choix entre la Société d'apprentissage des jeunes orphelins, 10, rue du Parc-Royal, et l'Association pour le placement en apprentissage et le patronage des orphelins, 37, rue de Turenne.

***

Si vous vous intéressez à un enfant aveugle, recommandez-le à l'Association Valentin Haüy (secrétaire M. Maurice de la Sizeranne), 31, avenue de Breteuil.

***

Les petites filles âgées de moins de 13 ans qui se trouvent en état d'abandon ou de danger moral, peuvent être recommandées à l'Œuvre des petites préservées, 54, rue Violet ; les filles plus âgées qui se trouvent dans les mêmes conditions, ou qui ont comparu en justice, sont protégées par l'Œuvre de la préservation et de la réhabilitation des jeunes filles de 15 à 25 ans, 2, rue de Penthièvre.

***

Si l'on veut faire placer des enfants pour lesquels il est possible de payer une pension mensuelle de 15 à 35 francs, on peut s'adresser à l'office central des institutions charitables, 175, boulevard Saint-Germain, à l'Œuvre de Saint-Nicolas, 91, rue de Vaugirard, à la Société de protection pour l'enfance abandonnée ou coupable (président M. Georges Bonjean, 47, rue de Lille).

***

Si vous voulez placer un enfant infirme âgé de 5 à 12 ans tâchez d'obtenir son admission à l'Asile des jeunes garçons incurables, 223, rue Lecourbe.

***

Pour faire placer des enfants protestants adressez-vous à Mme Henri Mallet, 40, rue de Lisbonne ; s'il s'agit d'enfants israélites, signalez-les au Comité de bienfaisance israélite (M. Zadoc-Kahn, grand-rabbin), 17, rue Saint-Georges.

***

Si vous vous intéressez à un orphelin (garçon ou fille), âgé de 7 à 10 ans, recommandez-le à l'Œuvre de l'Adoption (secrétaire M. Leroy), 9, rue Casimir-Delavigne).

Si vous voulez soustraire à de mauvais traitements ou de mauvais exemples, un enfant de parents indignes, adressez-vous à l'Union française pour le sauvetage de l'enfance (directeur M. Gayte), 108, rue Richelieu.

* *

L'Œuvre du Pain pour tous, rue des Grandes Carrières, nº 4, a pour but de distribuer gratuitement pendant les mois de l'hiver, à toute personne dans le besoin, homme, femme ou enfant, sans distinction de nationalité ou de religion, une ration de pain et une boisson chaude qui doivent être consommées sur place.

* *

L'Œuvre de la bouchée de pain, rue des Filles-du-Calvaire, 11, a pour but de distribuer gratuitement aux indigents, des rations de pain, de soupe ou de café, à consommer sur place. A établi à cet effet 4 réfectoires : quai de Grenelle, 41 ; place Voltaire ; quai aux Fleurs ; place de la Salpêtrière.

* *

La Société philanthropique de Paris, rue des Bons Enfants, 21, pratique les modes d'assistance les plus variés : fourneaux, dispensaires d'adultes, dispensaires d'enfants, primes d'encouragement pour les apprentis, habitations économiques, asile de nuit pour les femmes et les enfants, asiles maternel pour des femmes récemment accouchées, maison de retraite pour femmes âgées, etc. (Voir aux pages qui précèdent.)

* *

L'Office central des œuvres de bienfaisance, 179, boulevard Saint-Germain, a publié deux importants ouvrages : Paris charitable et prévoyant et la France charitable et prévoyante, que l'on trouve également à la librairie Plon, 10, rue Garancière, qui contiennent des renseignements très précieux sur le fonctionnement des œuvres philanthropiques de Paris et de la Province ; nous engageons beaucoup les philanthropes à se munir de ces intéressants ouvrages qui nous ont permis d'établir le présent répertoire et qui les aideront à faire le bien autour d'eux.

Paris charitable et prévoyant et la France charitable et prévoyante devraient être dans toutes les mains des personnes qui désirent secourir leurs semblables et particulièrement à la disposition de tous dans chaque mairie.

LA MISÈRE A PARIS

LES MENDIANTS PROFESSIONNELS. — REMEDE

La misère n'est ni un crime, ni un délit, a dit M. l'avocat général Bonnet dans un de ses discours de rentrée. C'est un malheur pour celui qu'elle atteint ; or on ne punit pas le malheur, on le soulage quand on n'a pas pu le prévenir.

Voilà bien de bonnes paroles.

Malheureusement, il est un fait certain, c'est que l'idée de charité sert à faire vivre grassement, aux dépens de la masse des nécessiteux, quelques compagnies de hardis mendiants que l'appellation de professionnels enorgueillit vraisemblablement plus qu'elle ne les fait rougir. Le métier, n'étant pas mauvais, bien au contraire, explique M. Albert Montheuil dans son intéressant ouvrage, le nombre de ceux qui s'y adonnent croît et prend l'apparence d'un danger réel dont la philanthropie a souci de se préserver pour deux causes : la première, c'est que, plus augmente cette armée de faux pauvres, moins sont secourus les vrais malheureux ; la seconde, c'est que le bruit de cette exploitation se répandant ralentit le zèle des personnes charitables, ferme les mains prêtes à s'ouvrir, en un mot tend à tarir la source des aumônes. Et ce dernier danger n'est pas le moins grave. On l'a reconnu presque partout, en France comme à l'étranger. C'est déjà beaucoup : mal connu est à moitié guéri, dit-on. Souhaitons qu'il en soit ainsi. Pour l'instant, dans tous les pays du nord de l'Europe, le problème est posé, et c'est à qui, dans le monde de la charité, s'efforcera de le résoudre ; il s'agit de dénoncer les mendiants professionnels afin de les empêcher de continuer leur exploitation au détriment de la réelle misère.

Nous extrayons de l'intéressant ouvrage de Louis Paulian « Paris qui mendie » les lignes suivantes :

« M. Lefébure a créé « l'Office Central des œuvres charitables ». Ici encore nous nous trouvons en présence d'un grand progrès ! Mais empêchera-t-il le cumul de secours ? Encore une fois non, et nous sommes de ceux qui pensent que si tant de malheureux ne peuvent être secourus ce n'est pas parce que les fonds manquent, mais parce qu'ils sont mal distribués. Est-il possible d'arriver à connaître exactement les secours que chaque malheureux reçoit de l'ensemble des sociétés de charité ? Non seulement c'est possible, mais c'est même facile : il suffit de créer une *caisse centrale des œuvres de charité privée*.

Je m'explique :

Il ne s'agit pas dans ma pensée, de toucher aux sociétés privées dont je veux au contraire respecter scrupuleusement l'autonomie et l'indépendance absolue, qui sont la condition essentielle de leur succès, chaque société continuera à fonctionner comme elle le fait aujourd'hui; celle-ci s'occupant des catholiques, celle-là des protestants, des israélites ou des francs-maçons, cette autre des malades, des vieillards, des enfants ou des mutilés. Ses administrateurs gèreront son budget comme ils l'ont fait jusqu'à ce jour ; ils continueront à être juges des motifs pour lesquels ils alloueront un secours quelconque à celui qui se sera adressé à eux, mais lorsqu'ils auront voté ce secours, au l'eu de donner aux malheureux la somme ou l'objet qu'ils lui destinent, ils lui remettront un bon payable à la caisse centrale.

Cette caisse centrale fonctionnera absolument comme une maison de banque. Le pauvre se présentera à son guichet muni de son chèque ou de son bon et recevra immédiatement ce qui lui est dû. Seulement la caisse, avant de payer, fera deux choses ; elle s'assurera de l'idendité du quémandeur et inscrira à son nom la somme ou l'objet qu'elle lui remettra. De cette façon, chaque malheureux aura son compte, tenu constamment à jour et sur lequel à tout moment on pourra relever l'ensemble des sommes qui lui auront été payées de la part de n'importe quelle société.

Supposons maintenant que ma caisse centrale fonctionne ?

Me voilà chargé de payer les chèques et les bons tirés sur moi, soit par les sociétés d'assistance, soit par les personnes charitables. Il est bien entendu que moi, je ne joue ni le rôle de M. Mamoz, ni celui de M. Lefébure, ni celui des directeurs des œuvres d'assistance par le travail, je ne fais aucune enquête, je ne prends aucun renseignement, je ne donne aucun conseil, je ne fournis aucun travail, je me contente de payer pour le compte de mes correspondants — mais qui ne voit immédiatement que mon livre de caisse va constituer le meilleur, le plus sûr, le plus sincère, le plus complet de tous les renseignements.

Un homme se présente à ma caisse avec un bon de 20 francs qui lui a été donné par l'œuvre des loyers. Je le paye et sur sa fiche qui reste entre nos mains, j'inscris cette somme de 20 francs. Il revient le lendemain avec un chèque de 20 francs de Madame X... ou de MM. de Rothschild, avec un bon de layette de Madame Jules Simon, avec un chèque de trente francs du baron Schickler. Je pense encore à moins que Madame X...., que Madame Jules Simon ou MM. Schickler et Rothschild se rendant compte du fonctionnement de ma caisse ne m'aient donné l'ordre de payer sous condition, et cette condition, on devine en quoi elle consiste ; elle peut se formuler ainsi « *Payer à moins que l'état de compte du mendiant ne vous prouve que j'ai été trompé.* »

Depuis dix ans que j'étudie cette question, j'ai examiné le problème sous toutes ses faces et dans ses moindres détails. Je rêve la création à Paris, de quelque chose d'analogue à l'Hôtel des sociétés savantes. Dans cet hôtel chaque société charitable aurait son bureau et son employé, mais tous les services qui pourraient être mis en commun seraient centralisés. La caisse centrale qui payerait les dépenses pourrait effectuer les recettes ; la bibliothèque et les archives serviraient à toutes les sociétés qui au lieu de convoquer à grands frais leurs adhérents, tantôt à l'hôtel Continental, et tantôt à l'Hôtel du Louvre, les recevraient désormais à l'Hôtel Central des œuvres de charité.

Prenez le budget des sociétés privées qui fonctionnent à Paris, cherchez-y la somme que chacune d'elles est obligée de dépenser pour son loyer, son chauffage, son éclairage, ses frais de bureau, ses réunions générales, son secrétariat, et vous vous convaincrez bien vite qu'en adoptant mon système, on pourrait à beaucoup moins de frais, créer l'œuvre à la fois grandiose et pratique que j'ai entrevue dans mes rêves, et qui, je l'espère, sera demain une réalité. »

Le projet de M. Paulian est admirable. Il a eu un gros succès en 1900 lors du Congrès d'assistance publique et de bienfaisance privée ; qu'attend-on pour le mettre en pratique ?

Amis des pauvres, songez-y !

Georges **HARMOIS** et Emile **ALLEAUME**,
Officiers d'Académie.

Ont adhéré à la Maison du Pauvre :

M. Émile Loubet, G. C. ✻, G. C. ✠, ✠, ✠, Président de la République, Président d'Honneur de la *Fédération Nationale de la Mutualité*;

MM. Brisson, Barthou et Mesureur, anciens Ministres ;

MM. Strauss et Barodet, Sénateurs ;

MM. Dubois, Clovis Hugues, Georges Berry, Rey, Marcel Sembat, Lerolle, Fournière, Antide Boyer, Chauvière, Millevoye, Vaillant, Levraud, Députés ;

MM. Chassaing, Maurice Barrès, Viviani et Paulin Méry, anciens Députés

MM. Ranvier, Ballière, Grébauval, Dausset, Galli, Desplas, Bellan ✻, Paris, Ambroise Rendu, Piperaud, Chérioux, Conseillers municipaux ;

S. A. S. le Prince Albert Iᵉʳ de Monaco, Membre correspondant de l'Institut;

S. A. R. le Prince de Lusignan ;

M. Mourier, ancien Directeur de l'*Assistance publique*;

M. Jules Lemaître O. ✻, Membre de l'Académie Française;

MM. de Rothschild frères ;

M. Louis Paulian ✻, Secrétaire Rédacteur à la Chambre des Députés;

M. Émile Réginensi, ancien Administrateur du Bureau de Bienfaisance du XIᵉ Arrondissement de Paris ;

M. Boucher-Cadart O. ✻, I. ✿, Président de Chambre à la Cour d'Appel de Paris ;

M. Marc Legrand, Directeur de la *Revue du Bien* ;

M. Gromier, Fondateur de l'*Association Internationale Économique des Amis de la Paix*;

M. le Docteur Foveau de Courmelles, I. ✿ ✠, ancien Président de la *Société des Gens de Science* ;

M. le Baron de Saint-Georges Armstrong G. ✠, ancien Ministre plénipotentiaire ;

M. Octave Dhavernas I. ✿ ✠, Président du *Syndicat de la Presse Suburbaine* ;

M. Perrine, Économiste, Lauréat de la *Société d'Encouragement au Bien*, Fondateur du premier Asile de Nuit ;

M. Guicheteau A. ✿ Commissaire de police à Paris ;

MM. Marchand et Prévost, anciens Conseillers municipaux d'Asnières;

MM. Jacobson A. ✿, Brinquant, Azart et Wilm, Avocats à la Cour d'Appel de Paris;

M. Georges Tourmente, artiste à l'Opéra;

M. Géraud-Bastet, publiciste ;

M. Armand Silvestre, homme de lettres ;

M. Pierre Denis, publiciste ;

M. Jean Aicard O. ✻ homme de lettres ;

M. Maurice Bouchor ✻, homme de lettres ;

M. Hervieu ;

Mme la Duchesse Douairière d'Uzès ;

Mme de Geriolles, membre de la Société des Gens de
lettres;
Mme Vve Lagarde, de Château-Thierry;
Mme Bal, publiciste;
Mme Uffolz;
Mme Marguerite Durand, Directrice de *La Fronde*;
Mme Lucie Grange, Directrice du journal *La Lumière*;
Mlle Lucie Foube;
Mmes Jeanne France et Astié de Valsayre;
M. Fabre, Maire du IVᵉ arrondissement;
M. Gross, Conseiller général, Maire de Bonneuil (Seine);
MM. Jules Chaffotte ✳ et Gustave Detroye A. ✪, Avoués à Paris;
M. Saubot, Administrateur du Bureau de Bienfaisance du
Xᵉ arrondissement;
M. Cros-Mayrvielle, Membre du Conseil Supérieur de l'Assis-
tance Publique;
M. Adolphe Platiau, Jurisconsulte;
M. Giron, ancien Banquier;
M. Lucien Descaves, Homme de lettres;
M. Avézard, Architecte à Paris;
M. Tardiffe;
M. Fabius de Champville, I, ✪, ✳, ✳, Président de l'*Associa-
tion de la Critique parisienne*;
M. le Docteur Bérillon;
M. Ferdinand Richard, Publiciste;
M. le Docteur Cornilleau;
M. Jules Lermina, syndic de l'*Association des Journalistes
républicains*;
M. Holzschuch, ingénieur;
Mme Mary Summer, Publiciste;
Mlle Ferber, Institutrice à Bulligny (Meurthe-et-Moselle);
Mlle Jeanne Teucquam;
M. Baret, négociant à Paris;
M. Dupont, Architecte à Aulnay-les-Bondy;
M. Daguet, entrepreneur des Travaux Publics;
M. Dugourc, Directeur du *Mémorial de Gaillac*;
M. Cherbonnier, Entrepreneur à Paris;
M. Michau, Directeur de la *Société Philanthropique du Prêt
gratuit*;
Mme Vve Lavancier;
Mme Vve Ragonnaud;
MM. Garry, Pujol et Louis François, négociants à Paris;
M. Maurice François;
M. Emile Alleaume, A. ✪, ✳, administrateur de la *Société
Française de Sauvetage* (Section du XIᵉ arrondissement);
M. Eugène Petit, A. ✪, architecte, administrateur du Bureau
de Bienfaisance du XIVᵉ arrondissement;
M. Paul Desplas A. ✪, Vice-Président de la *Société Fran-
çaise de Sauvetage* (Section du XIᵉ arrondissement);
M. Philippe Puy, N. O., Président de l'Association de Secours
Mutuels: *Les Hautes-Alpes*;

M. Henri Edeline, archiviste de la *Société Française de Sauvetage* (Section du XI° arrondissement);

M. Auguste Marcoux ✪, administrateur du Bureau de Bienfaisance du XIV° arrondissement;

M. Harmois-Reymond, administrateur du Bureau de Bienfaisance du XII° arrondissement;

M. Edouard Leloup, Ingénieur des Arts et Manufactures;

M. Henry Carnoy, A. ✪, ✠, professeur au Lycée Voltaire;

M. le docteur Max Laforgue ✪;

M. Eugène Deroueteau, ✪, architecte;

M. Pinton ✦, ✪, Président de l'*Association des Instituteurs*;

M. Marc Mello, architecte;

M. Hardel, propriétaire;

M. Léon Dubois, industriel;

M. Emile Fromentin, expert;

M. Gaston Devimeux, propriétaire;

M. Paul Antoine, expert;

M. Jean-Marie Saunier, négociant;

M. Alépée, notaire à Crespières (Seine-et-Oise);

M. Laisant, O. ✳, examinateur d'admission à l'Ecole Polytechnique, ancien député;

M. Philippe, secrétaire général de la *Société Française de Sauvetage*, section du XI°;

M. Brimeur;

M. Albert Jounet, fondateur de l'*Alliance Universelle*;

M. Léonce Rouzade, membre de la Société des Gens de Lettres;

M. le vicomte Denéchère, Directeur de la *Croisade Française*;

M. Coignet, président et fondateur de la *Ligue des Employés d'Octroi de Paris*, promoteur de l'Œuvre *Le Denier de la Veuve*;

M. Gustave Klein, négociant;

La *Chambre Syndicale ouvrière des Cuisiniers de Paris*;

M. Moisset;

M. Coutaud, président de la Société Protectrice des Animaux;

M. Victor Gresset, ✪, directeur de l'*Echo des Jeunes*;

M. Dauvilliers, gradué en droit;

M. Vermont, vice-président de la *Fédération nationale de la Mutualité*;

MM. Jean Burési, Léon Vincent, Auguste Ver.ière ✠, Georges Peslerbe, Maurice Alleaume;

Mme veuve Dermigny;

Mme Camille Flammarion;

Mme Vve Maugras;

Mme Mazé;

M. Louis Tacheau;

M. Louis Mantelet ✪;

M. le docteur Vollier, I. ✪;

M. Risacher, percepteur à Giromagny (Bas-Rhin);

M. Charles Leroy, fondateur du *Grand prix humanitaire de France*;

M. Lucien-Victor Meunier, ✳; publiciste.

TABLE

I. — Enfance et Adolescence

II. — Age adulte

L'AVOCAT

REVUE DE DROIT POUR TOUS

*Donnant des Consultations gratuites à ses Abonnés
et aux indigents*

---

5 Francs par An

La revue de droit l' « Avocat », bien renseignée et bien rédigée, est indispensable à tous. Qui peut se dire à l'abri d'une contestation, d'un procès ? Qui peut être certain de n'avoir jamais besoin d'un avocat, d'un conseil juridique ? Personne évidemment. Il importe donc à tous de se mettre à couvert contre les risques de cette sorte en s'abonnant à notre revue.

— ✳ —

Georges HARMOIS ✿ ✤ ✠
DIRECTEUR

Emile ALLEAUME ✿ ✠
ADMINISTRATEUR

DIRECTION :	ADMINISTRATION :
119, Boulevard Voltaire	31, rue Saint-Antoine

NOS AMIS...
... LES BÊTES

Celui qui aime les bêtes
Aime les gens.

———————

Ne laissez pas martyriser les animaux.

Aux termes de la loi du 2 juillet 1850, dite loi Grammont, sont punis d'une amende de cinq à quinze francs et pourront l'être d'un à cinq jours de prison, ceux qui auront exercé publiquement et abusivement des mauvais traitements envers les animaux domestiques.

Les membres de la Société protectrice des animaux (siège 86, rue de Grenelle), munis de leur carte, peuvent intervenir personnellement pour faire cesser les sévices exercés sur les animaux, lorsqu'ils en sont témoins ; ils peuvent :

1° Requérir un agent de l'autorité de dresser procès-verbal, à défaut d'un agent prendre deux témoins ;

2° Ou signaler le fait par écrit à M. le préfet de police ou en personne au commissaire du quartier.

PRINCIPAUX ACTES TOMBANT SOUS L'APPLICATION
DE LA LOI GRAMMONT

Les coups violents répétés et manifestement abusifs. — Les blessures faites volontairement. — Le chargement ou le travail excessif. — La privation de nourriture, etc.

ASSISTANCE AUX ANIMAUX

L'Assistance aux animaux, société de Bienfaisance autorisée par arrêté ministériel du 28 juillet 1900, dont le siège est 86, rue Vaneau, hospitalise les vieux animaux, les animaux errants, abandonnés ou infirmes. Elle accorde des secours aux personnes prenant bien soin des animaux qu'elles possèdent.

CHEVAUX BLESSÉS

(LEGS MARIE CHOSSEGROS)

Enlèvement rapide et gratuit des chevaux blessés sur la voie publique (**Téléphone 805.00**).

STATIONS DE CHEVAUX DE RENFORT :

Boulevard Saint-Michel, au coin du boulevard Saint-Germain ;
Rue Monge, au coin du boulevard Saint-Germain ;
Rue du Faubourg-Saint-Honoré, à partir de Saint-Philippe-du-Roule ;
Rue Lafayette n° 93 ;
Rue Notre-Dame-de-Lorette (*rue Bourdaloue*).

STATIONS SUPPLÉMENTAIRES :

Boulevard Rochechouart (*angle du boulevard Barbès*).
Quai Valmy (*en face du n° 81*).

Société Française contre la Vivisection, 3, Quai Voltaire.

CIMETIÈRE ZOOLOGIQUE.

Le cimetière des chiens et autres animaux domestiques est à Asnières (Seine), au pont de Clichy (téléphone n° 545.98).

Les amis de l'hygiène approuveront cette fondation, qui a pour conséquence de ne plus voir jeter soit dans la Seine soit dans les fossés des fortifications, soit dans les rues, des cadavres d'animaux, et ce, au détriment de la santé publique !

Imprimerie Jean Gainche, 15, rue de Verneuil, Paris. — (*Téléphone 815-10*).

Dictionnaire Biographique International Illustré

DES

PHILANTHROPES

des Mutualistes
et des Bienfaiteurs de l'Humanité

CONTENANT

TOUTES LES NOTABILITÉS DU MONDE DE LA BIENFAISANCE AVEC
LEUR PORTRAIT, LEURS NOM, PRÉNOMS ET PSEUDONYMES, LE
LIEU ET LA DATE DE LEUR NAISSANCE, LEUR FAMILLE, LEURS
ÉTUDES, LEURS DÉBUTS, LEURS FONCTIONS SUCCESSIVES, LES
OEUVRES QU'ILS ONT FONDÉES OU AUXQUELLES ILS ONT
COLLABORÉ, LEURS GRADES, TITRES ET DÉCORATIONS, LEURS
ÉCRITS ET LES INDICATIONS BIBLIOGRAPHIQUES QUI S'Y RAP-
PORTENT, ETC.

PUBLIÉ SOUS LA DIRECTION DE

M. Georges HARMOIS ۞ ♦ ✠
JURISCONSULTE
Directeur du journal L'AMI DES PAUVRES et de la Revue
de Droit L'AVOCAT
Lauréat de la Société Nationale d'Encouragement au Bien

M. Émile ALLEAUME ۞ ✠
PUBLICISTE
Administrateur du journal L'AMI DES PAUVRES
et de la Revue de Droit L'AVOCAT
Lauréat de la Société Nationale d'Encouragement au Bien

DIRECTION
119, Boulevard Voltaire
PARIS, (XIᵉ)

ADMINISTRATION
31, rue Saint-Antoine
PARIS, (IVᵉ)

Imprimé
le 25 Juin 1903
pour la MAISON DU PAUVRE, à Paris

IMPRIMERIE JEAN GAINCHE
15, rue de Verneuil
(Paris VIIe)

www.ingramcontent.com/pod-product-compliance
Lightning Source LLC
Chambersburg PA
CBHW070906280326
41934CB00008B/1601